大舌头励志演讲系列丛书

好口才伴我成长

彭 博
袁玲玲 ◎ 著
房玉梁

给孩子的演讲书

中国经济出版社
CHINA ECONOMIC PUBLISHING HOUSE

·北京·

图书在版编目（CIP）数据

好口才伴我成长/彭博，袁玲玲，房玉梁著．
北京：中国经济出版社，2017.6
（大舌头励志演讲系列丛书）
ISBN 978-7-5136-4657-4

Ⅰ.①好… Ⅱ.①彭… ②袁… ③房… Ⅲ.①口才学—青少年读物
Ⅳ.①H019-49

中国版本图书馆 CIP 数据核字（2017）第 064223 号

责任编辑	贾轶杰
责任印制	马小宾
封面设计	任燕飞

出版发行	中国经济出版社
印 刷 者	北京力信诚印刷有限公司
经 销 者	各地新华书店
开 本	880mm×1230mm 1/32
印 张	8.625
字 数	200 千字
版 次	2017 年 6 月第 1 版
印 次	2017 年 6 月第 1 次
定 价	39.80 元

广告经营许可证 京西工商广字第 8179 号

中国经济出版社 网址 www.economyph.com 社址 北京市西城区百万庄北街 3 号 邮编 100037
本版图书如存在印装质量问题，请与本社发行中心联系调换（联系电话：010-68330607）

版权所有 盗版必究（举报电话：010-68355416 010-68319282）
国家版权局反盗版举报中心（举报电话：12390） 服务热线：010-88386794

前言
PREFACE

在这个开放性的社会,我们每天都要与人打交道。为什么有的人那么受欢迎,而有的人一开口就招人烦?我们都会说话,但谁又真正能把话说好?

这是一个需要综合素质人才的社会,学生肩负着世界的未来,那么,拥有怎样的技能才能在这个世界立足呢?要适应当下的世界,就要具备一项技能——口才。

课堂上,老师点名让你发言,你是否因为紧张而面红耳赤,一句话也说不出来,看着老师摇头叹息,却无能为力?

你是否羡慕站在高台上侃侃而谈,振臂一呼,便响应者无数的人?

你是否想加入同学的聊天,却不知该如何开口?

你是否会因为对方听不明白你要表达的是什么而苦恼?

……

很多人都将演讲看成是一种职业,认为只有专业演讲人、政治家、企业家才需要学习演讲,这样的认知大错特错。对同学们而言,什么是最重要的?可以这样说,将来无论你们从事什么职业,口才都是必备的。

在大多数人的印象里，运动员都是"四肢发达，头脑简单"的人。然而，这种观念现在正被渐渐打破。中国有一种精神叫"女排精神"，尤其是2016年女排再次赢得奥运冠军，举国欢庆的同时，也让我们记住了这群可爱的排球姑娘。让人惊讶的是，她们不仅有一身精湛的球技，还是一群口齿伶俐的女孩。尤其是队长惠若琪，在回答记者提问时从容不迫、温婉大气，又不失小女孩的调皮可爱，这使她成了女排的一张名片。还有徐莉佳，这是一位有视听障碍的帆船运动员，她成就了一段海上传奇。在一次颁奖典礼上，她带着文艺范儿的获奖感言让人对她刮目相看，赢得了无数掌声。体育界不乏语言表达能力上佳的人，也正因如此，他们的人生才有了更多的选择，如李娜、周雅菲等都从运动员转为了专业解说员。

很多人会问我："为什么要学习演讲？"生活在现代社会，无论走到哪里都需要交际。在交际的过程中，如果表达欠佳就会遇到重重阻碍。面对竞争日趋激烈的社会，如果只会埋头苦学，不懂得做人；只会考试，不懂得活学活用；只懂得按部就班，不懂得热爱生活……那终会被社会淘汰。连体育运动员都告别了刻板、木讷的形象，面对镜头能大方地发表见解，甚至用充满个性的语言调侃。良好的表达能力也让大众重新认识了体育，重新了解了体育人。

作为新时代的同学，请抬起你们的头，自信地走向"演讲台"，演绎出自己的精彩人生。

目 录
contents

第一课　认识演讲　001

1. 我们为什么要学演讲　003
2. 演讲蕴含的无穷力量　006
3. 演讲让我们成为勇敢者　010
4. 什么样的人适合演讲　013
5. 演讲有哪些特点　016
6. 演讲与朗诵的区别　019

第二课　青少年的演讲恐惧症　023

1. 记住，你是独一无二的　025
2. 时刻对自己充满信心　028
3. 曾经的失败，积极面对　032
4. 有效的自我心理暗示　035
5. 敢于开口就是胜利　039
6. 战胜你心中的"敌人"　043

第三课　演讲前的准备　　　　047

① 演讲时的衣着穿戴　　　　049
② 选择什么主题进行演讲　　　053
③ 演讲都要讲什么　　　　　　056
④ 你适合哪种演讲风格　　　　059
⑤ 演讲有重点，先后次序要分清　063
⑥ 演讲稿的要点　　　　　　　067

第四课　做好开场白　　　　071

① 给演讲一个精彩的开头　　　　073
② 开门见山，直奔主题　　　　　076
③ 故事开头，引人入胜　　　　　078
④ 制造悬念，把观众的胃口吊起来　081
⑤ 缓和气氛，学会赞美别人　　　083
⑥ 来一点儿"剧透"，提升观众的期待感　087

目录

第五课　给声音化个妆　　091

① 标准：一口普通话，走遍天下都不怕　　093

② 声音：声音传播要响亮　　097

③ 节奏：说话节奏要分明　　101

④ 词汇：用词准确，事半功倍　　105

⑤ 情感：声随意变　　109

⑥ 造势：让每一句话都具有鼓舞人心的力量　　112

第六课　有趣的表达　　117

① 演讲要有的放矢　　119

② 把握时机，巧妙表达　　122

③ 增强气势多排比　　125

④ 形象生动巧比喻　　128

⑤ 明晰隽永懂对比　　131

⑥ 目的明确会反问　　134

⑦ 深奥道理，通俗表达　　137

⑧ 枯燥故事，生活叙述　　140

⑨ 有些话可以反着说　　144

第七课　用肢体说话　　149

1. 肢体动作也是一种语言　　151
2. 必不可少的眼神交流　　155
3. 让手势协助你表达　　158
4. 站有站姿，坐有坐姿　　162
5. 适时给予听众微笑　　165

第八课　讲好故事不简单　　169

1. 有故事的演讲才动人　　171
2. 演讲如何选故事　　175
3. 演讲中故事如何讲述　　178
4. 演讲中如何分析故事　　182
5. 把握细节，让故事更有号召力　　186

目 录

第九课　演讲中的小妙招　　191

1. 让听众参与到你的演讲中　　193
2. 掌握重点，控制时间　　197
3. 冷场不可怕，幽默来应对　　201
4. 画龙点睛掀起演讲高潮　　204
5. 演讲结尾技巧运用　　208

第十课　不同场合下的演讲　　213

1. 竞选班干部　　215
2. 校园辩论会　　219
3. 演讲比赛　　223
4. 自我介绍　　228
5. 班会上的发言　　231
6. 即兴演讲　　235

第十一课　没讲好，怎么办！　　　239

① 演讲中有突发状况很正常　　　241

② 万全准备，以防"不测"　　　244

③ 忘词：淡定从容来应对　　　248

④ 口误：变口误为话题　　　251

⑤ 听众挑衅：正确处理是关键　　　254

⑥ 意外中断：不慌不忙去面对　　　257

关键词： 演讲 朗诵 个人能量

扫码观看精彩视频

1 我们为什么要学演讲

阶梯目标

了解演讲，通过演讲去发现语言的魅力。

苏涵上初中了，可是胆子特别小，尤其是与不熟悉的人说话，一紧张就结结巴巴。面对这样的情况，苏涵的父母很无奈也很自责，感觉忽视了孩子的能力培养。在朋友的介绍下，苏涵的父母知道了彭博汇"同学演讲特训营"，他们毫不犹豫地给苏涵报了名。本来还有点质疑四天四夜可以学到什么，可看着孩子一天天的改变，苏涵的父母很是欣慰。训练结束后，苏涵明显自信了，竟会主动与见到的朋友打招呼，吃完饭会主动要求洗碗，换下的脏衣服自己默默清洗……老师也说苏涵敢于在课堂上主动发言了。学校要举行演讲比赛，在老师和父母的鼓励下，苏涵报名参赛了。虽然与一等奖失之交臂，但也取得了不错的成绩，最重要的是锻炼了自己。

升入高中，苏涵以新生代表的身份上台演讲。上千人的礼堂，座无虚席，学校的领导也在。刚开始还有些紧张，但慢慢地，苏涵渐入佳境。同学们被苏涵时而严肃时而幽默的话语所折服，本以为会是一场无聊的演讲，没想到会如此精彩。苏涵也因此被老师和同学记在了心里。

故事中的苏涵，如果没有学习演讲，或许只是一个活在自我世界里的"乖乖女"，即便有着优异的成绩，但骨子里的不自信也会让别人忽略她的存在。丹尼尔·韦伯斯特曾说："如果有人要拿走我所有的财产而只剩下一样，那我会选择口才，因为有了它，我不久便可以拥有其他一切财富。"这是一个需要表现力的社会，学习演讲，能够提升你的人格魅力。我相信，将来走入社会，你的境遇也不会差。

新时代的同学应该明白，好的口才可以成就一段不平凡的人生。一个人的一生要说很多话，怎么样让你说的话不是"废话"？那就从学习演讲开始。

正确认识演讲

很多人对演讲的认识只停留在表面，觉得只有政治家、演说家、领导者、老师才要去学习演讲。甚至有人会认为，演讲的人都能说会道，给人一种"奸诈"的感觉。受传统观念的影响，很多人对能言善辩的人心存偏见。比如，在婚嫁问题上，尤其是父母在为儿女挑选对象时，通常会对"沉默寡言"的人有很高的评价，原因在于他们认为这类人老实可靠。

与西方国家相比，我国对演讲并不重视，因为不在考学范围内，所以大多数人并不会浪费时间去苦练口才。而在美国甚至开设有演讲课，很多大学也有专门的演讲厅。其实，拥有好口才，

第一课 认识演讲

真的非常重要。古人云:"一人之辩,重于九鼎之宝;三寸之舌,强于百万之师。"语言的魅力胜过国宝的价值,强过军队的力量,可见好口才的重要性。在我国历史上,以口舌战胜对手的事例并不少见,最为著名的当属"诸葛亮舌战群儒"了。

学习演讲并非真的让你安邦定国,在平时的学习、生活中,我们需要用到语言的地方也有很多。即便是再普通的工作,也需要交流,当你拥有了好口才时,便能更好地展示自我,给自己创造一个更好的发展空间。

走出现有圈子

一个人"沉默寡言"与其现有的生活环境有很大的关系,很多同学认为,现阶段最重要的是学业。的确,就我国的教育体制而言,完成学业是非常重要的,但这并不影响演讲能力的培养;相反,学习演讲会让你成为更优秀的人。现在已经不是"沉默是金"的年代了,演讲与口才是你走向社会的必备技能。古时有毛遂自荐,现如今的我们更应该自如地展示自己。

不要被"沉默"的圈子所束缚,试着与人交流,让陌生人变成熟人,在这个过程中,你会发现语言的魅力。如果你想改变自己,如果你想成为一个优秀的人,那么就不要再犹豫,勇敢地张开嘴,大声地表达自己。一个沟通高手,无论走到哪里都会是幸运的人。

我来试试看

把每一次讲话都当成一场正式的演讲,告诉自己:我是一个了不起的人。

扫码观看精彩视频

演讲蕴含的无穷力量

阶梯目标

深入了解演讲的含义。明白如何让演讲彰显出力量,并能够熟练运用。

玫琳凯·艾施创立了世界知名化妆品品牌,对于一个45岁才走上创业之路的女人来讲,这样的成就是很多人望尘莫及的,她也被商界奉为传奇。

玫琳凯·艾施除了非凡的商业头脑,她的语言魅力也让人无法拒绝。一天,她与一位友人一起逛街,在一家服装店里,她听到了两个女孩的对话。

金色头发的女孩刚刚试穿了一件衣服,问同行的黑发女孩意见。黑发女孩说:"这件衣服的确非常漂亮,可是,没有你刚才试的那件衣服好看,刚才那件衣服的扣子更漂亮些。"在听完黑发女孩的话后,金发女孩有些生气,她说:"那件衣服的扣子真难看,

第一课 认识演讲

我才不稀罕呢。"听到金发女孩的话,黑发女孩感到有些莫名其妙,觉得自己只是提个意见,对方怎么就生这么大的气!

玫琳凯·艾施听完她们的对话,笑着走了过来,她对金发女孩说:"这件衣服的领子设计很特别,将你衬得像个高贵的公主,我看看,如果再配上一条项链,那就完美了。"金发女孩听完后觉得找到了知音,心情非常愉悦。玫琳凯·艾施转身对着黑发女孩说:"其实,那件衣服你可以去试试,你优美的身段会完全被衬托出来。"黑发女孩高兴地说:"真的吗?我很喜欢那件衣服,就是不知道我穿着合不合适。"玫琳凯·艾施给予了她们肯定的回答,说:"当然。假如对你们的面部皮肤再做一个护理,那就更完美了。"

最后,这两个女孩成了玫琳凯的忠实客户。

在任何时候,都要讲究说话的艺术,在公众场合的每一次讲话都是演讲,你的语言就是你最有力的武器。

演讲需要好的口才,对于口才,很多人都不陌生。古今中外,不管是政治领袖,还是商业领袖,他们都是思维敏捷、善于沟通的语言大师。比如周恩来总理曾在不同场合,面对不同的人,发表了无数精彩的演讲,所有人都被他的语言艺术所折服。再如,比尔·盖茨、马云等也都有语言天赋。由此可见,演讲的力量是不可估量的。温斯顿·丘吉尔曾说:"上帝赋予人类所有的才能中,没有比拥有演讲天赋更珍惜的东西了。享有它的人所掌握的权力比一个伟大的国王所掌握的权力更持久。在世界上,他们是一支独立的力量。"在西方国家,演讲能力是与金钱、原子弹处于同一水平线上的,可见口才对一个人甚至是一个国家的影响。

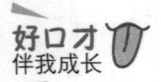

让你的演讲专业化

如果你认为,演讲就是当着众人的面大声说话,那就大错特错了。很多人觉得自己是一个自信的人,面对众人说话可以做到脸不红心不跳,可是,当一大串所谓的"演讲"结束后,众人却一脸茫然,根本不知道你说了什么,那么,你的演讲就没有发挥任何作用。

演讲不分长短,有时仅仅是一段话就能打动人心。你想让别人喜欢你、认同你,甚至是信服你,凭什么呢?用你的语言魅力去征服众人,准确运用词汇,是提升演讲力量的直接方法之一。

加强自己说话的欲望

并不是每一次讲话都能达到预期的效果,也不是每一次演讲都能改变什么,但不要因此而放弃说话的欲望,因为这是一个优秀演讲者的必备要素。

有些人性格外向,天生就爱说话;有些人性格内向,不善于表达,不爱说话。但这并不是说性格外向、爱说话的人就适合演讲,性格内向、不爱说话的人就不适合演讲。每个人都适合演讲,关键在于说话的欲望,性格内向的人也有说话的欲望,只是因为种种因素不善于表达。而且所谓说话的欲望是可以后期锻炼的,并不是天生的。

所以,我们要加强自己说话的欲望,该表达的时候一定要表达,不要欲言又止。在寻找语言表达的乐趣时,你会发现,自己的人缘会越来越好,演讲能力会越来越强。

演讲便是力量

什么是人才呢?我们很多人认为学习优秀的人就是人才,这种

理解是不正确的。所谓人才,不仅要学习优秀,而且还要能够适应当下的社会。

适应当下社会的一个必备要素就是口才。综观当今一些成功的企业家、外交家以及各国元首,留给人们印象最深的就是他们的口才。试想一下,如果他们仅仅是在大众面前亮亮相,不说话或语言表达不清楚,是难以充分体现其个人魅力的。

在"二战"时期,有一位军官与士兵们因为军用通信遭到破坏,失去了联系。对于士兵们来说,战争的惨烈已让他们疲惫不堪,加上与长官联系不上,没人指挥,便有些军心涣散。对于军官来说,不能指挥士兵战斗就意味着失败。

当时,士兵们为了缓解战斗带来的压力,通常都会带一个收音机听广播。军官想到这里,便派人到前线让士兵们把收音机调到统一频道,然后通过广播进行演讲,鼓舞士气,凝聚人心。就这样,在军官的激励演讲中,士兵们精神鼓舞,信心百倍,最后赢得了这次战斗。

所以说,演讲代表着一种力量,甚至比武器更强大。

我来试试看

用不同的话语向不同的同学表达同一件事情,分析听者的反应,总结不同话语及表达方式的力量。

扫码观看精彩视频

3 演讲让我们成为勇敢者

阶梯目标

在实践中不断提高自己的口语表达能力,让自己的思维更活跃。通过演讲,让自己更加勇敢。

"萧筱,你把这道题给大家讲一下。"一位戴眼镜的五十岁上下的老师对坐在第一排的一位女学生说。

"这道题应该先……"女学生说完后坐了下来。

听完女学生的发言,老师脸上露出了满意的笑容。

这是一堂化学课,面对各种元素之间的反应,还有各种复杂的公式,老师讲完后,学生大多还是不太明白。老师的知识水平是毋庸置疑的,学生听不懂主要与老师不太完美的表达能力有关。

萧筱是一位品学兼优的学生,最重要的是她并不是一位死读书的学生。就拿化学课来讲,当老师的讲解学生无法理解时,老师就会下意识地叫萧筱来解释。萧筱的表达能力很强,再难的知识点,

经过她三两句话一点就通了。

不管是面对全班同学讲习题,还是参加学校里的活动,萧筱都能很好地应对。有人说,萧筱是因为学习好才能从容地讲习题,之所以不紧张,主要是因为这些题她都会了。其实,萧筱并非天生如此,她也曾是一个害羞的小姑娘,与不熟识的人讲话,她会脸红,会不好意思。很久之前,一堂课上,老师让她回答一个问题,明明自己会做,可是站起来后大脑一片空白,什么也回答不上来。虽然老师并未责备她,她却很懊恼。之后,萧筱开始研究每一道习题,再次面对老师的提问时,她完美地呈现了答案。久而久之,她发现,之前的紧张感慢慢被自己忽略了。

演讲会让我们变得勇敢,而勇敢的人并不会畏惧演讲。在一群陌生人面前演讲,即便是经验丰富的演说家,多少也还是会有些紧张的。其时,这与经验无关,毕竟每一场演讲无论是内容还是听众都是全新的,所起的效果如何也是未知的。

戴尔·卡耐基说:"能够起立,从容不迫地娓娓而谈,将使你的前途不可限量。"面对人群讲话,不仅是为了正式的公开演讲,即便你所处的环境或将来选择的职业不需要公开演讲,这种方式也可以帮助你建立自信。当你发现自己可以平静地面对众人讲话,且条理清晰时,还有什么是你做不到的呢?

很多同学在表面上给人一种无所畏惧的印象,可是,能站在众人面前演讲的又有几人?我常常会听到这样的话:"他在家里,在亲戚朋友面前话非常多,可是,不太熟悉的人来家里做客,他就会躲在房间里不出来。"这样的人并不是真正的健谈者。

真正有口才的人,不仅懂得说话技巧,还会在日常生活中不断去运用,无论成功或是失败,他们都不惧表达。当然,好口才并不

是一蹴而就的,需要勤加练习,并且方法还要得当。

大声朗读

选择一篇文章,反复朗读。刚开始的时候速度稍慢一点,慢慢加快。根据自己的能力,在锻炼过程中不断挑战自己,直至自己所能达到的最快速度。当然,吐字一定要清晰,保证每个发音都是准确的。

复述所记内容

复述文章的内容,借助录音机,将复述的内容记录下来,与原文进行比较,看看自己完整复述原文需要多长时间。这样做不仅可以锻炼记忆力,还能使自身语言更具连贯性。

描述所看到的内容

描述对象不固定,既可以是一个景物,也可以是一幅画。在描述的过程中,需要用心去体会和观察,尽量用丰富的语言来描述。

我来试试看

主动与认识的每一位同学打招呼,寻找话题。告诉自己:"这并没有什么大不了的。"

扫码观看精彩视频

什么样的人适合演讲

阶梯目标

反复练习，从失败的经历中汲取经验，锻炼自己成为一名真正的演讲者。

德摩斯梯尼是古希腊著名的雄辩家，可是，他并非有过人的天赋；相反，他不仅口吃，声音低沉，而且肢体语言也是毛病多多，可以说完全不适合演讲。德摩斯梯尼是个博学多才的人，对于事理的分析也十分精准，对很多问题都有自己独特的见解。让他苦恼的是，别人总是听不清他说了什么。

德摩斯梯尼觉得事情应该有所改变，于是，他强迫自己走上演讲台，以此来锻炼自己。结果在预料之中，他失败了。面对他的演讲，观众毫无情面地给予了嘲笑。可是，这并没有打消他的积极性。他不仅开始认真学习发音的方法，还特意在家里装了一面大镜子，对着镜子不停地练习演讲。为了让发音更加准确，他将小石子含在嘴里朗读；为了缓解气短的毛病，他一边攀登，一边吟诗……他还会去听演讲大师的演讲，从中琢磨演讲技巧……

多年的努力并没有白费，德摩斯梯尼终于成为一名优秀的演说家。

没有谁天生就会演讲，其实，只要努力，谁都可以是演讲家。

在生活中，当你想要传递某个信息时，你所说的每句话，其实就是在演讲。很多人觉得演讲离普通人很远，其实，演讲无处不在。只要秉持着演讲心态，诚恳地与人交流，那么，你的演讲就成功了一步。另外，每一次谈话都要有个鲜明的主题，不管你面对的是一个人还是一群人，是在熟悉的环境还是陌生的舞台，主题都非常重要。不然，你长篇大论说得口干舌燥，对方却完全不知道你要表达的意思是什么。

综观那些演讲大师，他们在说话时都是底气十足。这底气来自于什么？来自于自身对所讲内容的完全信任。在生活中，当你高谈阔论时，对方却完全不在状态，那么，肯定就是你的问题了。要达到说服的目的，你的话题就一定要有吸引力。

很多同学总是羡慕别人有好的口才，不管面对怎样的人群都能应对自如。反观自己，即便只是简单的打招呼也会脸红。他们会觉得自己只适合"宅"。其实，只要掌握了一定的技巧，不断努力，你也会成为别人羡慕的对象。

阅读

任何时候，读书都不是一件坏事，我们常说："活到老，学到老。"写作文时，有人可以文笔流畅，可有人却看着题目发呆。原因为何？有这样一句话："读书破万卷，下笔如有神。"当你的知识积累到一定程度时，就不怕没内容可写。其实，说话也是如此，报纸杂志看得多了，

见识就会增长,当你融会贯通后,谈吐自然就更加自如了。

想好了再说

做事情我们讲究"三思而后行",说话亦是如此。生活中,我们常常会听到这样的话:"这人说话不经大脑。"这句话的意思很明显,就是说这个人说话过于随便,让人无法接受。三思而后说,可以避免祸从口出,是一个人良好修养的体现。

体验生活

读万卷书,不如行万里路。课本知识学得再精,如果不加以实践,就如纸上谈兵。体验生活,从生活中感悟人生,你的切身感悟将会使你说出的话更有信服力,更能打动人心。我们常说:"家有一老,如有一宝。"这更多的是因为,他们经历得多了,生活的积累,让他们懂得如何去面对各种情况。深入生活,多体验生活,对你的口才训练很有帮助。

虚心学习

如今,眼高于顶的同学不在少数,很多时候都听不进去别人的意见。虚心接受他人的意见,并不是什么丢人的事,反而可以让自己少走很多弯路。学会"受教",才能让自己进步,将别人好的东西吸收过来为己所用,加深自己的修养。

我来试试看

读一本有益的书,增长自己的知识,将书里有趣的内容讲给同学听。

扫码观看精彩视频

5 演讲有哪些特点

阶梯目标

了解演讲的特点，试着让自己的演讲更精练。

1940年，温斯顿·丘吉尔临危受命，成为英国的首相。

温斯顿·丘吉尔首次以首相的身份发表了演讲："我遵从国王的命令，组织了新政府。新政府的组成体现了举国一致、坚定不移的决心，那就是对德作战，直至最后的胜利……危难时刻，即便是今天我向国会的报告过于简略，我想，也会得到体谅。因改组而受到影响的朋友、同僚、旧同僚们，我希望在必要礼仪方面的不周之处可以毫不介意……我什么也没有，唯有一腔热血，还有辛劳、眼泪与汗水奉献给大家……我的目的很简单，就是胜利！不惜一切取得胜利！不畏惧恐怖去争取胜利！不管道路多艰难，也要去争取胜利！因为没有胜利就难以生存……"

丘吉尔的演讲极具鼓舞性,在当时的情况下,他的演讲得到了政府的绝对支持。很多人都形容,丘吉尔的讲话有着动人心魄的魔力,可以让人无比信任。丘吉尔的一生共出了26部专著,且都好评如潮。他也被授予了诺贝尔文学奖,颁奖词中有这样一段话:"丘吉尔成熟的演说,目的敏捷准确,内容壮观动人。"

最初,同学的演讲主要以模仿为主,在这个过程中,要逐渐建立起自己的特色。每个人都有自己的演讲风格,每个人也有自己的说话特点。就演讲而言,想要起到应有的效果,提高演讲质量,就要研究与掌握演讲的特点。

语言准确

在演讲过程中所使用的语言一定要准确、清晰,具有科学性的语言才更容易被听众接受,达到该有的效果。作为演讲者,如果对事物了解不深,自身思想仍处于模糊状态,那说出的话如何让听众信服?因此,只有思想明确了,你的语言才会更准确。在这个过程中,为了不使语言过于枯燥无味,应丰富自己的词汇量,这样便能用精准的词汇概括事物。

语言简洁

真正优秀的演讲者,并不是长篇大论,围绕一个问题反复强调,而是一语中的,以最少的语言表达最多的内容。要做到这一点,就必须对所讲内容认真思考,明确中心。拖泥带水,只会让听众反感,要知道,没有谁会喜欢冗长无聊的报告式演讲。

语言通俗易懂

语言过于专业化,听众会听不懂,因此,演讲要尽量口语化。语言要有自己的个性，正如马克思所说："你怎么想就怎么写，怎么写就怎么说。"摘抄、生搬硬套的语言是无法吸引人的，缺乏真实性。用自己的语言说话，虽然朴素，但真实，更容易吸引人。

我来试试看

看一段名人的演讲视频，从中总结演讲的特点。

演讲与朗诵的区别

阶梯目标

分清楚什么是演讲,什么是朗诵,明白演讲与朗诵的不同。

又是一年开学季,刚刚升入高中,老师为了让同学们之间有大致的了解,决定让全班同学准备一下,第二天都来做个自我介绍。

小逸想给老师和同学们留下一个好印象,于是,他写了一篇演讲稿,并熟记于心。第二天,同学们一个接一个上台做自我介绍。眼看就要轮到自己了,小逸越发紧张,他又看了一眼演讲稿,心中默念着。

终于轮到小逸了,他走上台,从交握的双手有些泛白,就可以看出他的紧张。他深吸一口气,开始了自我介绍。

各位老师、同学们好:

我叫周小逸……我的爱好是看书,我最喜欢的一位作家是

×××，他的书我都读过，其中最喜欢这段话……然后，小逸开始了声情并茂地大段朗读，可以看出，他真的很爱读书，里面的内容一字不落全背了下来。

走下台的小逸也收获了同学们的掌声，但同学们显然兴趣不大。

演讲最忌讳的就是背诵演讲稿。其实很多人都分不清演讲和朗读有什么不同，同学们最初学习演讲，都是要进行朗读训练的。诵读不仅可以丰富语声容量，还可以提高一个人的语言感知能力。

刚开始的时候，同学们总是会将演讲与朗诵混淆，不可否认，一个喜欢朗诵的人会更容易领悟演讲要领。不过演讲与朗诵还是有本质上的区别的。

演讲与朗诵的语言特点

演讲所使用的语言通俗易懂，多使用口语，不会选用生僻字或是文言词语，主要以传递情感、思想为主。

朗诵则是照着文本加入自己的情感去朗读，朗诵内容多具有文学色彩，辞藻华丽典雅。

演讲与朗诵的形式特点

演讲，以讲为主，以演为辅，所使用的语言是生活语言与表演语言的结合体。演讲既有日常语言的自然、亲切，又有表演语言的激情，不然演讲就会变得平淡无奇，缺乏鼓舞性，无法吸引听众。当然，如果"演"得过了火，就会让听众觉得不真实。在演讲过程中，保持本色声音，会让听众感到亲切。

朗诵的主要表现形式就是纯舞台表演。要想让朗诵更吸引人，

将听众引入原作品的情境中,其语言就要比表演语言更夸张。在朗诵过程中,语调的控制很重要,通常是大起大落。

演讲与朗诵的侧重点

演讲的重点在于鼓动。从三个方面来讲:首先,演讲要有理,明确观点,这样才能让听众信服。其次,演讲要抒情,这样才能感染听众,引起共鸣。最后,演讲要感召听众并使其付诸行动。情与理相结合,才能鼓动听众。

朗诵的重点在于抒情。一般的朗诵者大都力求自己的语言句句含情,将原作品的感情用语言表达出来。

演讲与朗诵的灵活性

演讲有着很大的灵活性,根据现场情况更改部分演讲内容或是全部替换都是常有的事。

朗诵则是完全照本诵读,不允许变动一词一句,不能丢字、添字、改字、错字。在整个朗诵过程中,要掌握好抑扬顿挫,连贯自然。以此为基础,朗诵者根据诵读内容及自己的理解与感悟去发挥。朗诵并没有演讲的自由度。

我来试试看

看一段演讲和朗诵的视频,总结两者之间的不同,然后对着镜子分别进行一次演讲和朗诵。

第二课 青少年的演讲恐惧症

你将在本课中学到
- 当众演讲必备的心理要素
- 克服恐惧的方法

关键词：恐惧 自信 心理暗示

记住,你是独一无二的

阶梯目标

对自己有一个正确的认识,不为迎合他人而苦恼,形成独一无二的演讲风格。

歌手邓紫棋曾做过这样的演讲:我是世界上独一无二的邓紫棋……我不要每次出来讲话都一样,我觉得独一无二是我们每一个人都拥有的一个自身的价值……或许让你们看到我不是一个很好的演讲者,可是我觉得这都无所谓,因为我觉得我就是独一无二的邓紫棋,这个世界没有另一个我了。上天把我变成一个只有五尺二寸的人,可是我五尺二寸的时候就很灵活啊。我觉得这个世界上没有谁比谁更强、更厉害,这个世界只有谁比谁更了解自己、更爱自己、更珍惜自己。接受自己,拥抱自己每一个优点、缺点,因为你是独一无二的……

卡耐基说:"你应该庆幸自己是世界上独一无二的,应该把自己的天赋发挥出来。"每个人都有自己的优缺点,试着去发现自己的优势,学会欣赏自己独特的美。邓紫棋的这些话能引起共鸣,在很大程度上是因为她打动了听众。

随着年龄的增长,我们所担心的事会越来越多。同学们在演讲前,总是担心听众不喜欢自己的演讲,担心发生意外。其实,当你真正面对时,会发现自己的担心都是多余的。要想做独一无二的自己,就要摒弃心中的恐惧,从多方面入手,这样才能从容演讲。

做事有主见

做任何事情都要有自己的主见。当一个人与你的观点不一致时,你或许能坚持己见,但十个人呢?很多人都容易动摇。虚心接受别人的意见并没有错,但要看别人的意见是否真正适合你。轻易改变自己想法的人,是很难让人信服的。

不要活在别人的目光里

一个苹果,有人说甜,有人说酸,众口难调。如果你总是活在别人的目光里,就会很累。一个小女孩哭着跑回家,在妈妈的再三开导下,她终于说出了原因。原来是同学们嘲笑她跑步时像只鸭子,因此同学们都叫她"丑小鸭"。妈妈听后,沉默了一会儿,开口说:"我可以一下子将院子里的那棵树推倒。"小女孩看着院子里粗壮的树,怎么也不相信妈妈能推倒它。妈妈摸着她的头说:"不相信吧?那你为什么就轻易相信同学的话呢?"女孩似乎明白了妈妈的用意。做任何事都不能过于相信或依赖他人,你只属于自己,谁也无法替代,过于在意他人的想法,就会失去自我。

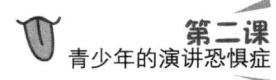

勇敢做自己

人生中充满了太多的未知，尤其是处于青少年时期，一切皆有可能。终有一天，你会离开象牙塔，创造属于自己的天地。所以，要时刻准备好，去寻找属于自己的路。在寻找的过程中，你会明白什么时候该表达自己，什么时候该安静地倾听。就演讲而言，如果你发表的都是别人的观点，引用的都是别人的内容，甚至连风格都在模仿别人，听众是不会买账的。做自己，不然你谁都不是。没有谁能决定你一定要成为怎样的人，你是独一无二的，只有勇敢做自己，才能演绎出属于自己的精彩人生。

我来试试看

在学校用自己独有的风格进行一次演讲，仔细观察听众的反应，征询老师和同学们的意见。

扫码观看精彩视频

2 时刻对自己充满信心

阶梯目标

让自己在信心不足的情况下，仍能够快速调整心态，进入演讲状态。

2015年6月12日，美国斯坦福大学又迎来了一年一度的毕业典礼，而与往年不同的是，他们邀请到了苹果品牌创始人乔布斯为他们做毕业演讲。此时的乔布斯已被确诊身患癌症。

当天，乔布斯走上讲台，步履轻盈矫健，向在场的师生示意并友好地微笑，眼神中充满了自信。下面是乔布斯演讲的节选。

在十七岁那年，我真的上了大学。我父母几乎把所有积蓄都花在了我的学费上面，我不知道大学能帮助我找到怎样的答案。所以我决定要退学，我觉得这是个正确的决定。……我失去了我的宿舍，只能在朋友房间的地板上睡觉；我去捡5美分的可乐瓶子，仅仅是

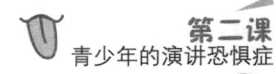

为了填饱肚子；在星期天的晚上,我需要走七英里的路程,只是为了能吃上饭……但是我喜欢这样。我跟着我的直觉和好奇心走,遇到的很多东西,此后被证明是无价之宝。……我学到了漂亮的字体,我学会了怎样在不同的字母组合之中改变字间距,还有怎样才能做出最棒的印刷式样。我发现那实在是太美妙了。如果我当时没有退学,就不会有机会去参加这个我感兴趣的美术字课程……那么现在苹果电脑就不会有这么美妙的字体了。……你要坚信,你所经历的会在你未来的生命中串联起来。正是这种信仰让我没有失去希望,它使我的人生更加地与众不同。

乔布斯的演讲内容很质朴,没有华丽的词汇修饰,没有夸张的语调煽情,也没有大张旗鼓地进行现场造势,却能够深入到每一个倾听者心中,打动每一位听众。为什么？正是因为他的自信打动了听众。

同学们在演讲的过程中多少都会感到紧张,尤其是面对那么多听众,很容易出现忘词、结巴等状况。其实,只要我们把握好一些演讲要点,就能够从容地演讲。

充分的准备

充分准备是成功演讲的前提,也是提升自信力的首要因素。如同在没有复习准备的情况下考试,你肯定会心中打鼓："我没有复习,这次能不能考好呢？"而如果在考试之前你复习了一个星期,那么你必然会信心满满。林肯说："我相信,我若是无话可说时,就是经验再多、年龄再老,也不能免于难为情的。"林肯的话告诉我们,即使经验再丰富,没有准备的演讲也是无法获得自信和成功的。

自我暗示，调整心态

有一些学生在学习演讲时，不管事先有没有准备，上台前总是如临大敌，紧张不已，担心自己在演讲中会说错话或无话可说。正是这种心理抹杀了他们原有的自信。为此，同学们要学会调节自己的心态。比如，当感到紧张时，告诉自己："我一定会讲得很好""我可以，我是最棒的"等，久而久之，这种积极的心态暗示就会成为一种习惯，自信心自然也会随之提升。

勤练习

在日常生活中，我们要多加练习，如敢于坐在前面或引人注目的位置，坚持当众说话，敢于说出自己的想法。在课堂上经常举手发言，经常参加一些集体活动等。这样，个人的自信心也会得到提升。

注意力转移法

很多同学之所以在演讲中会紧张，缺乏自信，原因之一是将观众的注意力全部吸引到了自己身上。这样，观众的注意力越集中，因为没有经验，所以会越紧张。对此，如果你能够把观众的注意力移开，又不影响演讲效果，便不会这么紧张了。比如与观众互动，将观众的一部分注意力转移到互动者身上；播放视频或PPT等。

生理调节练习

缺乏自信的主要特征是紧张，紧张的主要状态是肌肉紧绷、胃不舒服、嘴唇发干、呼吸不畅等。那么，不妨接受这样的现实，客观看待，避免在紧张中不知所措。每天做一些简单的肌肉收缩练习，如先绷紧肌肉，放松，再绷紧，再放松……反复多次，你

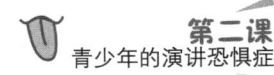

就会觉得肌肉放松了。闭上眼睛用鼻子缓慢呼吸,反复多次,你就会觉得呼吸更加顺畅了。每天练习,让它成为一种生理反应。以后在演讲中遇到这种情况,你就可以运用此方法缓解,保持原有的自信心。

我来试试看

在自己状态不佳的时候,进行一次课堂发言,体会发言前后心态的不同。

曾经的失败，积极面对

阶梯目标

对于过去的失败，能够积极面对，客观看待。在失败中能够调整心态，让演讲水平渐入佳境。

杨泽是班长，大大小小的班会也组织过，学校里有什么活动，他都积极组织班上的同学参加。

暑假结束，来到学校，老师给杨泽布置了一项任务——在开学典礼上向新生致欢迎词。杨泽接下了任务，并认真写了一篇演讲稿。杨泽对自己也挺自信的，可是，那天还是出了意外。

杨泽出现了口误，导致台下哄堂大笑，这一笑使杨泽更加紧张了，接下来一句话："我代表全体师生向，向……"杨泽怎么也想不起来，这下台下更乱了，笑声、议论声充满全场。面对演讲的失败，杨泽很懊恼。明明自己平时在班上组织活动时，应对自如，可到了这高高的演讲台却不知所措。杨泽做了深深的检讨，老师也给

第二课 青少年的演讲恐惧症

予了他很大的帮助。杨泽觉得自己失败的主要原因在于不熟悉环境，有怯场心理。宽敞的礼堂，上百双眼睛盯着自己，这些对他来说都是陌生的。环境变化使人更加压抑、胆怯。还有精神不集中，台下的一点动静就影响了自己的心情与演讲节奏，进而导致忘词。再有，随机应变的能力不足。忘词后只想着原来的词是什么，机械记忆缺乏应变性，容易卡壳。

找到了失败的原因，杨泽就开始努力改变，他相信，只要不断总结经验，自己一定会越讲越好。功夫不负有心人，在元旦晚会上，杨泽作为主持人，发挥得非常好，得到了全校师生的肯定。

每个人都会经历失败，可并不是每个人都有杨泽对待失败的态度。杨泽之所以能取得成功，与他的不放弃有很大的关系。试想，如果在第一次演讲失败时他放弃了，觉得自己不适合演讲，那么，肯定就没有后来元旦晚会的成功了。

同学们第一次面对演讲时紧张是在所难免的，失败也在情理之中。即便是经验丰富的演讲者也有失败的可能，何况是你呢？其实，只要你去积极面对，从演讲失败中总结经验，便能从失败中走出来。

冷静总结

演讲有很大的随机性，即使做足了准备，也会有意想不到的情况发生。当结果已成定局时，就不要一直沉浸在失败的阴影里。最应该做的是冷静地总结。如果第一次上台因为紧张而导致失败，那么回去后就要勤加练习。如果因为没把握好时间，草率结束，使主题不够明确，那么，以后在整理演讲稿时就要多加注意，将观点列出来，并在时间上做好分配。再次演讲时，把握好节奏，必要时可以列出提纲，根据具体情况也可以适时调整。如果你的演讲让听众

觉得枯燥无味，那么你回去后就要多练习自己的语调、表情，收集一些有意思的小故事，用你的激情感动听众，这样听众就会随着你的脚步而动。不懂得总结，你的演讲是无法进步的，即便演讲十次、百次，也是无法打动听众的。

不要抱怨

一名真正优秀的演讲者是不会把失败的原因推到别人身上的。有些演讲者在失败后，不是抱怨听众不礼貌，窃窃私语，影响演讲氛围，就是抱怨环境不好，准备不够充分等。抱怨是解决不了任何问题的，对演讲也毫无益处。

积极面对

很多同学在面对失败时会变得急躁，还有些表面上看似平静，内心却已心灰意冷，觉得自己不可能取得成功。在消极情绪的影响下，就会渐渐迷失。一两次失败并不一定是坏事；相反，年少的失败会成为你最大的资本。比起成功的人，你明白什么是失败，未来充满无限可能，只有更加努力才不会让失败重演。

因为一次演讲的失败就选择逃避，未来也将变得灰暗。不要沉迷于失败的执念中，要积极面对失败，自信走出去，才能战胜失败。

我来试试看

主动争取一次发言的机会，成功了，一笑了之；失败了，告诉自己："没什么大不了的，继续努力！"

扫码观看精彩视频

有效的自我心理暗示

阶梯目标

通过有效的自我心理暗示，让自己从容地面对演讲。即便很紧张，也能学会与紧张并存，以最快的速度进入演讲状态。

语文老师为了锻炼同学们的胆量，在班上开展了一个活动，就是语文课前的五分钟演讲。

小悠一听，暗自叫苦。她很胆小，平时上课回答问题不仅声音极小，心还一直"扑通扑通"直跳，有时甚至会因为紧张而将答案忘得一干二净，回答得也是语无伦次，老师对此也很无奈。小悠一直想改变，但越想改，心里就越害怕。一个连上课回答问题都会脸红害怕的人，如何去演讲？小悠甚至想装病请假，蒙混过去。可老师说了，每个同学都必须演讲，意思就是躲得过今天，躲不过明天。

几天下来，小悠听着几位同学的演讲，表情自然，语调平稳，那样从容不迫的表现，让小悠很羡慕。她问自己：什么时候我也能这样自如地演讲？再转念一想：既然他们能做到，我也一定能做到。

终于轮到小悠了，她心跳得厉害，脸发烫，从座位到讲台短短几步路，可脚却像是有千斤重。一步一步来到讲台，小悠不断对自己说："不紧张，不紧张，我一定可以的。"双手撑着讲桌，眼睛看着熟悉的同学，她的演讲开始了。其间有过停顿，但她一直在提醒自己：不能慌。就这样，演讲不知不觉结束了，同学们给予了她热烈的掌声。

走下讲台，小悠的手心里都是汗。坐在座位上，小悠还是有些不敢相信自己完成了演讲。同桌调侃她说："真是真人不露相啊，脸不红心不跳，这么镇定，佩服。"小悠回以微笑，她也为自己开心，她的心理暗示起到了作用。不断地进行心理暗示，让她走出了胆怯的怪圈。

那些敢于站在台上演讲的人不是不紧张，只是懂得如何与紧张相处。他们的心里很紧张，但选择迎难而上，进而成就了不一样的人生。卡耐基曾问他的学生为什么要来听自己的课，相似度极高的答案让卡耐基很吃惊。90%的学生是这样回答的："我渴望表达自己，但又不知从何入手。当我被叫起来回答问题或是自我介绍时，我总是浑身不自在，脑子在站起来的那一刻一片空白，我无法思考，也说不出话……我来听课就是想改变，想让自己变得自信，想大大方方地讲话，想让别人信服我的话……"害怕演讲，害怕当众讲话，是很多人的通病，即使是最出色的演讲家也不例外。

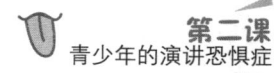

其实,要改变现状并不难,在即将进行演讲或是演讲过程中进行有效的自我心理暗示,会使自己产生极大的勇气,产生意想不到的效果。

常对自己说:"我可以!"

同学们要时刻对自己充满信心,但凡成功者都是自信的人。感到紧张时可以对自己说:"我可以做到。"平时也可以对自己多说一些积极的话,有意识地调动潜藏在内心深处的积极因素。常对自己说鼓励的话,这些心理暗示会让你更加自信。刚开始的时候或许有些不适应,但久而久之,你就会发现,面临问题时,你会更加乐观。

忽略负面信息

一些同学在还没开始演讲时,就给自己这样的提醒:"演讲背得不熟""万一忘词了怎么办?"越是这样,你所担心的事情就越容易发生。就如考试一般,临考前你提醒自己:"我有几个单词没有背下来,希望不要考到。"可是,事与愿违,你提醒自己的几个单词都在试卷上。要想避免这样的情况,就不要用失败的情绪提醒自己,要多用积极性的暗示。例如,"我多读几遍就背会了。"相较于负面提醒,积极的暗示效果会更好。

行为习惯的暗示

同学们本来就处于朝气蓬勃的年纪,可很多同学总给人死气沉沉的感觉,走路低着头,说话如蚊蝇……这些行为习惯会直接影响一个人的人生。在行为习惯方面对自己有个积极的心理暗示会增加自信。例如,提醒自己抬头挺胸走路,说话清晰,自己就

觉得很有精神；出门前照镜子，整理仪容，给自己正面评价；整理好书桌，让自己变得有条理……让自己有个良好的精神风貌，对于演讲有益无害。

我来试试看

选择一位一直想认识但又不好意思开口说话的同学，告诉自己："我可以和他成为朋友"，主动勇敢地开口与他说话。

5 敢于开口就是胜利

阶梯目标

放下所有的顾虑与担心，自信大方地与身边的人进行交谈。

有多少人因为害怕自己说出的话不被认同而选择沉默；又有多少人因为自己说出的话遭到他人嘲笑而黯然伤神，不敢再轻易开口；还有多少人因为害羞而不敢当众说话……

马上放假了，小武所在的班级商量着组织一次活动，为自己的学生生涯留下更多美好的回忆。班会上，同学们你一言我一语地说着自己的想法，有的说去野炊，有的说去爬山……小武学习成绩名列前茅，是标准的三好学生，可就是不爱说话。同学们在一旁讨论得热火朝天，他却只是静静地听着。

"小武，你觉得去哪里比较好？"班长看着小武说。

"嗯，嗯……我，我也不知道。"小武被班长突如其来的问话吓

了一跳,说完也是满脸通红。

班长点点头,继续与同学们讨论。小武低着头,觉得糟糕透了。他其实是想发言的,可到嘴边的话就是说不出来。小武觉得这实在不是办法,应该有所改变。正当他沉思的时候,同学们已经定了地方。此时一位同学说:"我们得带个相机。"小武一听,眼睛一亮,他顾不了那么多,鼓起勇气站起来说:"我家有台单反机,我平时没事经常拿来研究,我觉得我拍得还不错,明天就让我来做你们的临时摄影师吧。"小武一口气说完,班上很多同学都没反应过来,还是班长带头鼓掌说:"好,那拍照的活儿就全权交给小武。"同学们也都对小武投以友好的目光。小武觉得,当众开口说话并没有那么可怕,之前的担心都没有发生。

同学们要勇于表达自己,在面对听众时,对自己充满信心,即便出现失误也是情有可原的。很多同学不管是做事还是说话都很小心,他们在心里时刻提醒自己要谨言慎行。即便面对他人的指责,也不辩解。即便心里觉得委屈、愤怒,也不知该如何表达出来,久而久之就成为一个沉默的人。

学得再多,掌握得技巧再多,如果不开口,一切都是零。只有开口了,你才能了解自己到底能不能讲清楚,自己的问题在哪里。只有开口了,你才能进步。也许曾经的当众发言让你丢了面子,但是,你要知道,讲错了才有机会讲对。不要羡慕站在台上轻松讲话的人,他在你看不到的地方付出了多少汗水,你是想象不到的。学习演讲,开口是第一步,也是不可避免的一步。

其实,只要开口你就胜利了。

卡耐基说:"演讲是人人都有的一种潜在的能力,问题在于每个人是否发现、发展和利用这种天资。一个人能站起来当众讲话是

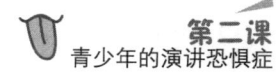

第二课 青少年的演讲恐惧症

迈向成功的关键一步。"如果你每天出门,勇敢与不熟识的邻居打招呼,一段时间后,你会发现这些邻居更加亲切,久而久之,你也敢于当众开口了。

大胆说"你好""谢谢"

同一个小区里,你认识几个人?你认识你的邻居吗?与其打过招呼吗?我发现一个很奇怪的现象,很多同学都喜欢低着头走路,来去匆匆,很少跟别人讲话。其实,你可以试着开口与身边的人打招呼,一句"你好""谢谢",就会让你的生活发生很大的改变。

说话是一件自然而然的事

很多同学不敢当众讲话,他们说:"当众讲话我就会心跳加速,大脑一片空白……"这其实是一种很正常的现象,正如李开复所说:"如果你知道上台紧张是一个普遍性的问题,就不必那么突显自己的不行和困难,努力以平常心看待自己的紧张并接受它。一旦如此做了,你反而能和它和平相处。"说话应该是一件随意、自然而然的事,我们每天都会说话,每天也会面对不同的场合。同学们应学会在任何场合把握住说话的机会,试着与人交流,从中学习说话的技巧。一回生,二回熟,勇于尝试,慢慢地,你就会成为一个善谈的人。

让人笑笑又如何

一些同学之所以不敢当众开口,就是担心说出来的话让人笑话,与陌生人在一起时,更是三缄其口,有话也不敢说,这对演讲造成很大的障碍。试着淡化别人的评价对自己的影响,要想拥有好口才,敢于当众开口是成功的第一步。说错了也不要紧,最多让别

人笑笑。只要坦然面对,你就会越来越好。

我来试试看

早上出门前,告诉自己:"我不怕开口,我真的不怕!"然后主动与遇到的每一位邻居打招呼。

扫码观看精彩视频

战胜你心中的"敌人"

阶梯目标

找出让自己恐惧的原因，战胜它。

俞敏洪曾做过这样的演讲："当有人站在这么一个舞台上，我们很多同学都会羡慕。也会想，也许我去讲，会比他讲得更好。但是不管站在台上的同学是面对失败还是最后的成功，他都已经站在这个舞台上了。而你，却还只是一个旁观者，这里面的核心元素，不是你能不能演讲，不是你有没有演讲才能，而是你敢不敢站在这个舞台上来。我们一生有多少事情是因为我们不敢所以没有去做的。曾经有这么一个男孩，在大学整整四年没有谈过一次恋爱，没有参加过一次学生会班级的干部竞选活动，这个男孩就是我……"

俞敏洪曾经也是一个沉默的人，与人交流会脸红，不敢主动与人攀谈，可是，现如今，他却创办了新东方。很大一部分原因就是，他战胜了让自己恐惧的因素，所以，他走了出来，走向了成功。

一些同学一听到要演讲，首先就是摇头，觉得离自己很远很远，认为自己连日常交流都会紧张，还怎么演讲，简直是天方夜谭。真的如此吗？未必。

一些同学不自信，不敢当众说话，其实并非天生如此。从心理学的角度来看，他们只是被内心虚假的信号所迷惑，他们认为自己不够好，无法做到，于是无限扩大内心的恐惧，变得越来越不敢上台。长此以往，未来的路会变得异常艰难。虽然不是每个人都需要成为演讲家，也不是每个人都需要在面对公众时游刃有余，可是，我们终归是要说话的，人的一生总会遇到需要当众说话的场合。那时，你该如何做？

同学们要想在公开场合自如地演讲，战胜心中的"敌人"非常重要，这就需要一定的技巧。

掌控恐惧

很多同学试图寻找可以完全摆脱恐惧的方法，其实，要想完全摆脱恐惧是不可能的，但我们可以试着掌握它。很多时候，我们惧怕的东西都是不存在或是多余的。你担心自己没准备好（其实已经将演讲稿背得滚瓜烂熟）；你担心自己水平有限，听众不买账（其实听众不是全能，他的水平不一定有你高）；你担心演讲过程中会遭遇突发状况；你担心演讲会被无礼打断；你担心……其实，你所担心的事出现的概率极低，完全可以忽略。心中会有恐惧，会紧张，不完全是一件坏事，只要你迎接挑战，迈出第一步，就会有意想不到的收获：你的语言会变得流畅，你会变得越来越自信，直到演讲完美结束。

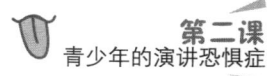
第二课
青少年的演讲恐惧症

改变看待问题的态度

有一位演讲家回忆他首次演讲时的经历。那时的他对演讲的了解并不多，多是以观众的身份去观看。那段时间，他无法克服心中的恐惧，无意间听到观众对他的评价，说他还不够优秀。这位演讲家不想成为他们口中"不优秀的人"。他知道无法改变别人的想法，可是，他可以改变自己看待问题的态度，也可以控制自己所说的话。当你不过于关注别人的评价时，就能从容面对演讲了。

多挑战使自己害怕的事

越是害怕越要试着去面对。一位优秀的演讲者面对成千上万名听众，他们也会紧张，可是，他们成功控制住了自己的紧张，因为他们做足了准备，在台下付出了努力。紧张感是无法完全消除的，只有你讲得多了，才会越自然。你之所以觉得不自然，是因为你做得还不够。

我来试试看

找一件正确的一直想做而又不敢做的事情，对其进行客观的分析，然后勇敢地尝试做一次。

关键词： 演讲主题 演讲风格 演讲次序 演讲稿 形象塑造

扫码观看精彩视频

演讲时的衣着穿戴

阶梯目标

明白衣着穿戴在演讲中起到的作用。明确不同演讲场合对衣着穿戴要求的不同,找到适合自己演讲风格及气质的穿戴方式。

人靠衣装马靠鞍,演讲也要讲究视觉效果,如果你的衣着不得体,纵使口吐莲花,演讲的效果也会大打折扣。公开场合演讲,选择合适的服装配饰,会在最短的时间内拉近与听众的距离,亲和力会让你的演讲更加顺利。

2010年6月7日乔布斯现身iPhone4发布会。

此时的乔布斯已经与病魔斗争了六年,只见他快步走上台,身体虽已消瘦,但精神很好。尤其是标志性的黑色圆领上衣、蓝色牛仔裤、运动鞋,让人们觉得乔布斯还是乔布斯,不曾因为疾病而有所改变。

发布会开始,乔布斯笑着与观众打招呼,面对大家的掌声,他连说了五声感谢。乔布斯说:"能站在这里真好,谢谢大家这么热情的欢迎……此次大会我们为大家准备了非常精彩的内容,为此我们付出了非常大的努力……"

iPhone4的发布会无疑是成功的。而人们显然已经对乔布斯的穿着习以为常,所以,他们更关心的是乔布斯接下来会说些什么。

乔布斯简单、质朴的衣着,显示的是他的成熟与内涵,同时彰显了其强大的内心。乔布斯的衣着并非随意,而是他对时尚的另类看法。黑色代表神秘、高雅、庄重,给人一种不被征服的感觉,简单又不单调,并显得很专业。而牛仔裤则代表了活力、潇洒、休闲,各个年龄层都能驾驭,给人一种无拘无束的感觉。

乔布斯的衣着与苹果产品完美地结合在了一起,苹果总是走在历史的前面,与乔布斯的坚持己见、潇洒自如分不开。

公开场合演讲,首先要了解听众的年龄、阶层,这样便于选择合适的衣着配饰,进而在短时间内拉近与听众的距离。张爱玲说:"对于不会说话的人,衣服是一种语言,随身带着的袖珍戏剧。"大多数人都不知道在公众场合该如何穿衣搭配,也不知道在演讲时要穿什么衣服。一些人觉得衣着与演讲关系不大,这样的理解是完全错误的。演讲时的仪容、仪表要给听众留下好的印象,因为人的第一印象直接影响着后续评价。例如,你看见一个穿戴整齐的人,你会觉得这个人做事有条有理,是个靠谱的人,对其说的话也会信服。反之,面对一个衣衫褴褛、蓬头垢面的人,你还愿意听他讲话吗?

同学在为演讲做准备时,衣着是不可忽视的一个环节,要知

道,你的形象会直接影响演讲的效果。

衣着与主题

每个演讲都有主题,演讲者要针对自己所演讲的主题来确定衣服穿戴。柴静在做关于空气污染的演讲时,穿着一件白色上衣,下身配牛仔裤,没有任何多余的配饰,利落的短发,简单大方,给人一种亲切的感觉。这样的衣着不会让人觉得她是一名记者或学者在发表调研成果。此时,她的身份是一位母亲,一个和听众站在一起的同样关心空气污染问题的人。衣着是为你的演讲主题服务的,如果衣着与主题不符,就会让听众感到不适应。通常,每种颜色所代表的寓意也不同,如深色系衣服给人一种深沉、庄重之感;浅色系的衣服会让人觉得轻松。如果你的演讲主题是严肃的,那么穿深色系衣服较为适合。

衣着与听众

演讲者的衣着要结合现场气氛,和听众的装束相协调。如果过于张扬,不仅会影响听众的注意力,还会让听众觉得你不靠谱,使演讲陷入尴尬气氛。当然,如果你的演讲非常吸引人,那么听众就会暂时忽略你的衣着。相反,如果演讲乏味,听众就会从你的衣着入手讽刺你。还有,衣着过于简单、随便,会让听众觉得不受尊重。

衣着与身份

衣服最主要的功能就是扬美遮丑,从某个方面来讲,衣着反映了一个人的精神面貌。演讲者的衣着应该简洁大方、高雅美观,要与年龄、职业、身份相符。作为学生,不应该在演讲时穿过于高

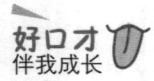

档、艳丽的衣服，这样会起到反效果。

我来试试看

征求导师的建议，换一套衣服进行演讲，感受演讲效果的不同。

选择什么主题进行演讲

了解演讲主题的重要性，选择适合的演讲主题。

2015年2月28日，柴静发表了《柴静雾霾调查：穹顶之下》的演说。

那天，柴静衣着简单大方，她步履坚定地走上台，开始了自己的演讲：

早上起来，有时候我会看到我女儿站在玻璃窗前用小手拍着，用这个方式告诉我她想出去玩：她总有一天会问我，妈妈为什么你要把我关起来，外面到底是什么？它会伤害我吗？这一年当中我做的所有的事情就是为了回答将来她会问我的问题，雾霾是什么？它从哪来？我们怎么办……

成千上万的孩子正在孕育、正在出生，这些河流、天空、大地是应该属于他们的，我们没有权利只知消费、不知克制，我们

没有权利只知抱怨、不知建设,我们有责任向他们证明,一个被能源照亮的世界,同时可以是洁净和美好的……将来有一天我会离开这个世界,但是我的孩子还在其中生活,这个世界就与我有关。所以我才凝视它,就像我凝视你;所以我才守护它,就像我在守护你。

柴静所选择的主题——雾霾与我们的生活息息相关。随着人们环保意识的提高,"环境污染"极具话题性,是人人都需要面对的现实问题,这也是柴静的演讲能受到关注的原因之一。

主题的选择直接关系着演讲效果,有这样一句话:"题好一半文。"选好主题是成功的基础。那么选择什么样的主题才能提高演讲的成功率呢?

选择大众关心的话题

随着社会的发展,人与人之间的交流更加便捷,信息传递更为畅通,很多热点的新闻事件更容易引起大众的关注。这也为演讲主题的选择提供了便利。大众关心的话题一般指衣、食、住、行等与大众利益息息相关的话题,如环境污染、教育、医疗……这些选题都有一定话题性。

听众需要的话题

确定了听众群体后,话题的范围就可以围绕听众的需要来选择,如学生,话题可以围绕学习、未来、人生经验等来确定。根据听众的需要选择主题,就会引起听众的极大兴趣,听众愿意听,你的演讲才能顺利进行下去。

选择自己擅长的话题

　　一场成功的演讲肯定是要结合现实的，即便是讲历史故事，也是为了反映现实问题。在现实中，我们需要面对、回答的问题有很多，所以，要选择自己擅长的、熟悉的领域，这样才会有话说。因为你对这样的话题有足够的认识，才能言之有物。赫拉斯说："你们从事写作的人，在选材的时候，务必选你们能胜任的题材，多多斟酌一下哪些是担得起来的，哪些是担不起来的。"这句话对演讲也适用。例如，你是学医的，你的主题则以医学交流为主；你是在校学生，所选主题则以学习、理想、奋斗为主。

我来试试看

　　以自己最熟悉的内容或是时下人们较为关注的话题为主题，做一次演讲，可以是面对家人，也可以是面对同学。

扫码观看精彩视频

演讲都要讲什么

了解演讲的素材选择。

周扬考上了市重点高中,黑黑瘦瘦的农村娃以坚韧的毅力走出了贫困的山区。可是,你在他的脸上看不到自卑,他总是笑脸迎人,尽管不太标准的普通话常常被同学拿来调侃,他也不在意。高二下半学期,周扬的成绩稳中求上,大考小考都排在年级前十名。班主任让周扬准备一场演讲,周扬有点局促,不知道要讲什么。冥思苦想,修改再修改,终于完成了演讲稿。

周扬的演讲稿其实很简单,并没有什么技巧性,可是,他的演讲却吸引了全班同学的注意。简单的开场白后,周扬说起了自己的家乡,那是城里娃完全不了解的世界,他们被周扬所描绘的家乡深深地吸引。整个演讲周扬都围绕自己的家乡,引申到"只有知识才能将家乡建设得更美丽"这个主题,语言朴实无华,内

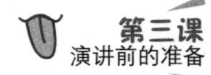

容简单却不单一,透着浓浓的乡情,他真挚的情感给了演讲内容最好的诠释。

周扬的演讲简单却真实,正因为这样,才更吸引人。其实,演讲并没有要求特定的内容,大家可以自由选择,讲一些身边发生的事,讲一些大众普遍关心的事,讲自己或他人的事……

同学们在准备演讲时,首先要了解听众,这样才有助于展开论述,才知道往哪个方向去收集材料。当然,演讲要有的放矢,不能胡编乱造,否则会适得其反。

选择自身经历为话题

对于听众来讲,演讲内容无论长短,他们最感兴趣,印象最深刻的是演讲中的故事。讲自己的故事,独特的人生经历会引起听众的兴趣,这类主题一般具有独特性,即便是很小的事,因为独一无二也会有吸引力。而且,因为是自己的事,讲起来才能头头是道,更有信服力,感情也更充沛。与林肯、丘吉尔的名人故事相比,你的故事更有感染力,而且听众容易从中找到自己的影子,进而产生共鸣。

把自己放在演讲里

演讲中难免会引经据典,或是讲述他人的故事,优秀的演讲者不仅仅是讲他人,而且他们会将自己融入演讲里。用自己的视角去看别人的事,赞同抑或是反对某观点都能从容讲出原因。的确,你演讲中的人物,听众看不到,但你却是活生生站在他们面前的,他们对你的意见反而更感兴趣。故事讲得再动人,没有自己的东西在里面,就不能算是一场成功的演讲。

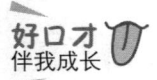

班级课前演讲，某同学上午刚刚看了一本杂志，里面内容很吸引人，他决定将里面的内容引用到接下来的演讲中。结果如何呢？在演讲里，他不断提起杂志里的一篇文章，可是并无实质性效果，这场演讲更像是他在传递那位作者的话，没有自己的观点。于是老师建议他将自己的想法加进去，明天以同样的题目演讲。

这位同学重新将文章读了一遍，对里面的某一观点，他并不是很赞同，于是查阅资料，收集例证来支持自己的想法。第二天，这位同学再次演讲时，加入了自己的观点，听众觉得很新鲜，演讲内容也变得生动了。

有效利用数字

数字的运用会使演讲更有说服力，也会给听众留下深刻的印象。如乔布斯的一段演讲，他是这样说的："我们迄今已经售出了 400 万部 iPhone，如果你用 400 万除以 200 天，结果就是平均每天售出 2 万部 iPhone。"售出 400 万部 iPhone，听起来吸引力并不大，可是，如果平均每天售出 2 万部 iPhone 的话，那效果是完全不一样的。不过，在运用数字说明时，要精确简洁，过于泛滥就会让人觉得枯燥无味，而且数据太多会出现记忆错误。

我来试试看

以自己的事为素材写一篇演讲稿，加入自己感悟与反思。

扫码观看精彩视频

你适合哪种演讲风格

阶梯目标

找到适合自己的演讲语言、动作及思路,从而体现自己独特的演讲魅力。

2012年12月7日,瑞典文学院的报告大厅里迎来了一位中国人,他就是莫言。这里正要举行诺贝尔文学奖演讲。台下是200多名中外听众,莫言穿着中山装站在演讲台上,开始了题为《讲故事的人》的演讲。

尊敬的瑞典学院各位院士,女士们、先生们:

通过电视或者网络,我想在座的各位对遥远的高密东北乡已经有了或多或少的了解。你们也许看到了我九十岁的老父亲,看到了我的哥哥姐姐、我的妻子女儿,和我的一岁零四个月的外孙女。但是有一个此刻我最想念的人,我的母亲,你们永远无法看到了。我获奖后,很多人分享了我的光荣,但我的母亲却无法分

享了。

我母亲生于 1922 年，卒于 1994 年。她的骨灰，埋葬在村庄东边的桃园里。2011 年，一条铁路要从那儿穿过，我们不得不将她的坟墓迁移到距离村子更远的地方。掘开坟墓后，我们看到，棺木已经腐朽，母亲的骨骸已经与泥土混为一体。我们只好象征性地挖起一些泥土，移到新的墓穴里。也就是从那一刻开始，我感到，我的母亲是大地的一部分，我站在大地上的诉说，就是对母亲的诉说。

……

我是一个讲故事的人。

因为讲故事我获得了诺贝尔文学奖。

我获奖后发生了很多精彩的故事，这些故事，让我坚信真理和正义是存在的。

在今后的岁月里，我将继续讲我的故事。

谢谢大家！

演讲结束，中外听众给予莫言长达一分钟的掌声。

莫言的演讲用一个个故事串联而成，演讲词朴实无华，就如同他的人一样，质朴中透着智慧。整个演讲没有大道理，简简单单，却让人无比感动。其朴实的演讲风格感染了听众，看似波澜不惊，却给听众留下了惊涛骇浪般的印象。

同学们最初很难找到自己的演讲风格，多以模仿为主，可是，若不及时调整，很容易让演讲变得没有吸引力。要知道，听众并不会对呆板、程式化的演讲感兴趣，你们要做的就是形成自己的演讲风格，将自己的闪光点展示于人前。

一个成功的演讲者，通常已经形成了自己的演讲风格。从某种

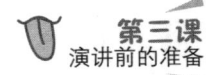

意义上来讲，演讲风格虽然具有稳定性，但也不是一成不变的。演讲风格可质朴、可深沉、可绚丽、可激昂、可幽默……根据不同的场合、不同的主题调整最适合的演讲风格。当然，不要与自己平时的风格差太多，否则不仅自己不适应，听众也会觉得别扭。

演讲风格的形成并非一朝一夕的事，同学们在平时可以遵循一定的技巧，多加练习，久而久之便能确定自己的演讲风格了。

扔掉依赖心理

很多人都有这样一种心理：坐享其成。当有人将一件事已经做得很成功后，很多人就想着去模仿，从中分一杯羹。在面对演讲时，一些同学就是这种心理，想着模仿名人，这样就不会出错。可他们忘了，这个世界上根本没有一模一样的树叶存在，何况是人呢？模仿得再像，也只会活在别人的光环下，况且别人的未必就适合自己，只会使你在模仿过程中渐渐迷失了自己，将自己的风格刻意隐藏了。综观优秀的演讲者，他们的魅力无与伦比，也正因为他们淋漓尽致地将自己的个性发挥了出来，演讲才变得与众不同。

试着将自己的个性与特点加入演讲中，可以学习别人，一时的模仿也不要紧，但不要依赖。你的独特正是你最大的财富，释放它，你的演讲将会更加精彩。

结合自身特点，发挥特长

哪种演讲风格适合自己，很大方面取决于你属于什么类型的人，有什么特长。如果你是一个热情的人，那么你就适合激昂型的演讲风格，给人以朝气向上的感觉；如果你是一个平和的人，那么你就适合朴实、亲切的演讲风格。只有结合自身特点，才能有自己的特色，演讲才能受到关注。

注意说话的语速语调

一个人说话的语速、语调可以反映出一个人的说话特点，一些特别的说话方式反而容易引起听众的注意。独特的嗓音会让你与众不同，增加演讲的吸引力。同学们在演讲中要注意，说话一定要自然，有时口音也能为你的演讲加分。

坚持练习

西塞罗说："训练有文化素养的雄辩家的方法，不在于背诵演说的规则，而在于实地练习。"当你在慢慢摸索中找到了适合自己的演讲风格时，你就要坚持练习，形成自己的特色。

我来试试看

对着父母或同学用不同的演讲风格进行一次演讲，根据听众的反应及建议确定适合自己的演讲风格。

演讲有重点，先后次序要分清

阶梯目标

明白先讲什么，后讲什么；重点讲什么，次要讲什么。分清主次，让自己的演讲有条不紊地进行。

2009年3月31日，白岩松站在了耶鲁大学的演讲台：

过去的20年，中国一直在跟美国的三任总统打交道。但是，今天到了耶鲁大学我才知道，其实它只跟一所学校打交道……接下来，就进入我们今天的主题，如果要起个题目的话，应该叫《我的故事以及背后的中国梦》。

我要讲五个年份，第一个要讲的年份是1968年。那一年我出生了……那一年，我们更应该记住的是马丁·路德·金先生遇刺。虽然，那一年他倒下了，但是"我有一个梦想"的这句话却真正地站了起来，不仅在美国站了起来，也在全世界站了起来。

1978年，10年之后，我10岁了。

……

接下来,我要讲述的是:2008这一年,这一年我40岁。

……

最后我只想再说一句。40年前,当马丁·路德·金先生倒下的时候,他的那句话"我有一个梦想"传遍了全世界。但是,一定要知道,不仅仅有一个英文版的"我有一个梦想"。在遥远的东方,在一个几千年延续下来的中国,也有一个梦想。它不是宏大的口号,并不仅仅在政府那里存在,它是属于每一个非常普通的中国人,而它用中文写成:"我有一个梦想!"

好,谢谢各位!

白岩松的演讲条理清晰,整个演讲围绕"梦想"展开,以马丁·路德·金先生的"我有一个梦想"引出世界的"梦想"。以五个时间点(1968年、1978年、1988年、1998年、2008年)为线索,讲述了每个十年,中美发生的重大事件。一个小时的演讲,笑声、掌声不断,听众的注意力也一直被他所吸引。原因很简单,他的演讲层次分明,重点明确,让人一听就明白。

一场演讲就一个主题,整场都围绕这一主题展开阐述,演讲最主要的目标就是让听众听懂你在讲什么。当一个演讲者对重点把握不准确时,就会出现详略不当的现象,这就使演讲没有了中心,听众听得也是稀里糊涂。

同学们在准备演讲稿时,要根据主题,明白什么该详写,什么该一言带过。分清先后次序,听众才会对重点记忆犹新。演讲看似复杂,实则有规律可循,掌握一定的技巧,便能很好地完成演讲。

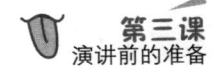

脉络清晰，有条理

演讲不同于一般的交谈，尤其是所叙述的事情千头万绪时，就需要演讲者安排话题时要脉络清晰。一场毫无条理性的演讲，就像我们看不懂的电影一般，杂乱无章，不知道具体要表达什么。

试想一下，一个演讲者在讲到一个问题时突然跳到另一个问题，讲着讲着又转回头谈上一个问题，如无头苍蝇般，横冲直撞。这样很容易将听众绕得云里雾里，还如何让听众接受？还有一些人则是讲着讲着，情绪高涨，便将话题扯远了。哪怕不是在演讲中，只是平时的人际交往，如果讲话没有重点，脉络不够清晰，即使你提出的是一个新颖的话题，也不会引起多大关注。

把握演讲的重点，避免出现杂乱无章的情况。优秀的演讲者都会将演讲中心牢记于心，这样无论中途如何变化，都能紧扣主题。

统筹安排，有层次

在演讲之前，同学们要针对演讲内容认真考虑，按照一定的时间顺序进行。从过去讲到现在，叙述有条不紊。试想，如果你一会儿讲现在，一会儿又跳到五年前，再一会儿又跳到三年前，最后又补充五年前的事……如此一来，听众的思维也被带乱了。

统筹安排，会使演讲有整体感，演讲是以"讲"为主，因此，结构层次要简化，让听众觉得明朗、有层次。

去繁从简，有重点

很多人在准备演讲稿时，对于一些素材总是难以取舍。一些同学说："我觉得这个故事非常好，想加在演讲里，但又觉得另一个

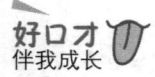

素材也可以表达主题……"此时就要结合主题，将更贴合主题的材料留下。"重点"不在于多，将其放在合适的位置，引导听众一步步走向重点，并牢记。

一次不要说太多信息

不要期待你的听众像学生一样，记录你的每一句话。在演讲过程中，不要让听众一次性记住太多的信息，说实话，你的强迫会让他们更快忘记，并因此感到失望。人的记忆是有限的，演讲时不要总想着给听众尽可能多地传递信息，挑最有用的进行重点介绍，这样更利于信息的传递，更容易吸引听众。

我来试试看

写一份主题演讲稿，突出重点，在众人面前演讲，最后询问听众是否明白你真正想要表达的内容。

演讲稿的要点

阶梯目标

认识到演讲稿的重要性，并明白写作要点，如何在演讲中延伸或缩减演讲稿。

2008年9月，北京大学的开学典礼上迎来了新东方的创始人俞敏洪。俞敏洪的演讲幽默而富有感染力，让听众不自觉沉浸其中。

各位同学，各位领导：大家上午好！很高兴许校长给我这么崇高的荣誉，谈一谈我在北大的体会……我进北大以后走进宿舍，有个同学躺在床上看一本书，叫《第三帝国的兴亡》。我问了他一句话："在大学还要读这种书吗？"他看了我一眼，并未理我，继续读他的书。这一眼一直留在我心中。我知道进了北大不仅是来学专业的，还要读大量的书，你才能够有资格把自己叫作北大的学生。所以我在北大读的第一本书就是《第三帝国的兴亡》，而且读了三遍。……我进北大之前连《红楼梦》都没有读过，看到同学们一本一本在读，我就拼命地追赶。结果我在大学差不多读了八百多本书，用了五年时间……我知道我在聪明上比不过我的同学，但是我有一种能力，就是持续不断的努力……有一个故事说，能够到达金字塔顶端的只有两种动物：一是雄鹰，靠自己的天赋和翅膀飞了上去……另外一种动物，也到了金字塔的顶端，那就是蜗牛。蜗牛肯定只能是爬上去的。从底下爬到上面可能要一个月、两个月，甚至一年、两年……就本人而言，我觉得只要有两样东西在心中，我们就能成就自己的人生。第一样叫理想……第二样东西叫良心……人的一生是奋斗的一生……

俞敏洪在整个演讲的过程中，没有夸张地讲自己的奋斗史，没有煽情没有渲染，只是简单的叙述，可是，却让听众印象深刻。因为他的演讲词确实把握了要点，抓住了听众的心，让简单的话语通过他的表达变得富有生机。

同学们在准备演讲稿时，一定要把握住演讲稿的要点，演讲稿的内容是否精彩直接影响演讲的效果。

语言口语化

演讲是通过口语传播思想与情感的，听众在聆听过程中，感受演讲者的观点。在准备演讲稿时，需要做的是突出语言表达的口语化，通俗生动的口语更容易感染听众。一位同学在演讲完后有点泄气地说："我准备得挺充分的，还查阅了很多资料，花费了大量时间准备演讲稿，可是，现场并不如我想象得那么好。"我看了他的演讲稿后，很快就找到了原因。这位同学喜欢阅读，平时说话也是出口成章，在准备演讲稿时，为了凸显自己"高深的学问"，他

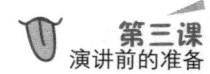

运用了很多名人警句，还有一些书面化的语句，这样一篇演讲稿是很难引起听众的兴趣的。要想打动听众，就要使用听众听得懂的语言，针对不同的对象设计不同的演讲内容。

语言凝练

海茵兹·雷德曼说："在一次演讲中不要期望得到太多。宁可只有一个给人印象深刻的思想，也不要五十个让人前听后忘的思想。宁可牢牢地敲进一根钉子，也不要松松地按上几十个一拔即出的图钉。"演讲稿的精彩不在于篇幅长短，贵在精；拖沓、冗长会让听众失去耐心。

同学们在学习演讲的过程中，要逐渐学会说短话，掌握说话要点，不要掺杂太多水分。废话太多，真正的思想就会被隐藏。这就好比贮存粮食，农民在收藏之前肯定会先将粮食晒干，完全晒透才会进仓，他们很清楚，含有水分的粮食收进粮仓，不但不会久存，还会殃及其他粮食。意尽言必尽，重点表述出来即可，含有水分的话会让听众反感。

要有现场感

演讲最主要的目的在于交流，如果只是说教，无法进行真诚的交流，是很难吸引听众的。在准备演讲稿时，要对演讲现场进行预设假想，将该有的因素都考虑进去，通过语言设计将其释放出来。强化演讲稿的现场感，可以增强语言的感召力，将演讲目的发挥出来。

观点明确

在准备演讲稿时，观点一定要明确。观点不够明确，模

棱两可，便失去了感染力，是无法说服听众的，演讲便失去了意义。

我来试试看

写一份主题鲜明的演讲稿，在本周课堂上演讲。

你将在本课中学到
- 演讲中开场白的意义
- 演讲开场白技巧

第四课

做好开场白

关键词： 开门见山　故事开头　制造悬念　赞美

扫码观看精彩视频

1 给演讲一个精彩的开头

阶梯目标

了解开场白的重要性,为自己的演讲找到最合适的开场白。

2014年5月24日,《开讲啦》迎来了一位嘉宾——易中天教授。

在主持人的介绍下,身着中山装的易中天教授步伐稳健走上了台,与主持人寒暄几句,题为《这是我的选择》的演讲正式开始:

非常感谢大家的欢迎,但我得实事求是地说,我很不情愿站在这(这句话说完,很多听众都露出了愕然的表情),因为我很怕来到这里,又被贴上一个标签叫"青年导师"。我身上标签够多的了,用得最多的叫"学术超男",我真的不想再贴上一个标签叫"青年导师"。我今天来只是想和我们的青年朋友们在一起探讨、交流、分享,如果说有导师的话,我希望你们也同时是我的导师,我们互

为导师。

开场白结束,台下响起了热烈的掌声。

易中天教授这简简单单几句开场白就赢得了听众的掌声。他开头的那句话:"不情愿站在这个讲台。"一下子就吸引了听众,制造了一个小悬念。演讲最重要的就是开头,开头足够吸引人,接下来的演讲就会顺利很多。

我想问一下,同学们在吃水果时,如果第一口又酸又涩,你还会继续吃吗?肯定不会。演讲就好比是让听众吃水果,开场白就是至关重要的第一口。一开始就没有说好,就会给听众留下一个不好的印象,进而失去了继续听的兴趣。毫无疑问,这对演讲很不利。对于演讲来说,一个好的开头就是成功的一半。通常前几句话,甚至是开口的第一句,就直接影响了演讲的效果。

要想让自己的开场白达到一鸣惊人的效果,就要明白开场白有什么样的重要作用。

点明主题

一段开场白说完,听众却不知道你要表达什么,那开场白就是失败的。开场白不是随随便便讲几句暖场的话就了事了,开场白有一个很重要的作用就是要点明主题。一场演讲,开场白的时间只有短短两三分钟,单刀直入的点题方法,更容易让听众进入角色。比如,关于《母爱》的演讲,演讲者可以这样说:"什么是母爱,我觉得母爱就是……"然后引入自己的感受与观点。

概述主要内容

当与听众简单打完招呼后,便可以就演讲内容做出概述,让听

第四课 做好开场白

众心里有个大概,明白你接下来要讲什么,听众才会认真去听,着重去听。开场白不是你说几句笑话就能蒙混过关的,那会让听众觉得你在哗众取宠。概述主要内容,会在很大程度上吸引听众的注意力。例如,演讲者可以说:"各位先生、女士,大家好!我今天讲的内容有三点,第一点……第二点……第三点……首先说说第一点……"这样就可以将自己要讲内容顺下来,简单明了,不拖泥带水。

活跃气氛

很多时候,演讲者面对的听众都是不相识的人,如何在最短的时间拉近与听众的距离,决定了接下来的演讲是否顺利。演讲者在开场白时,可以结合演讲主题或是听众身份,讲个笑话,以此来活跃气氛。周恩来总理的机智幽默是有目共睹的,周恩来总理在为安娜·路易斯·斯特朗庆祝80寿辰时,开场白是这样的:女士们,先生们,今天,我们为我们的好朋友、美国作家安娜·路易斯·斯特朗女士庆祝40公岁诞辰。在场的很多人都对这"40公岁"很纳闷。总理接着说道:"在中国,'公'字是紧跟它的量词的两倍,40公斤等于80市斤。因此,40公岁,就等于80岁。"听完周恩来总理的话,宴会的气氛一下子变得活跃了。

我来试试看

对着镜子分别进行风格、方式不同的开场白,体会其中的不同。

开门见山，直奔主题

阶梯目标

开门见山，直奔主题，让听众快速进入演讲状态，一下子就明白自己接下来要讲的内容。

有一场这样的演讲，题目是"书香为伴"，一位学生缓缓走上台，开始了他的演讲：

他的开场白是这样的：

社会在进步，人类在发展，但在发展的同时，我们却将最美好的灵魂伴侣丢弃了。生活中，我们看似忙碌，为各种事情抓狂，为情、为爱、为今后的发展……却忽略一件非常重要的事，那便是读书。当然，读书是自由选择的，我们不能强迫他人拿起书。我觉得，无论将来从事什么职业，读书都将是人生的一部分，书香为伴，才能过得更好，走得更远……

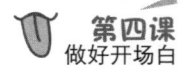

这段开场白直入主题,没有过多的渲染,不绕弯子,节约时间。通常使用开门见山这种开场白方式,主要原因有两个。一种是时间问题,不允许赘述,在某种特殊情况下,必须直入主题,开口便是观点。不然,本就两三分钟的演讲,说了一两分钟还没入题,就会引起听众反感。另一种是对演讲话题非常熟悉、专业,可以做到语出惊人,自己抛出去的话能快速接上去,使话题不断。

紧扣题目

青少年在准备演讲时,开场白如果选择单刀直入,那么,一定要紧扣题目,无关紧要的话不要说。紧扣题目才能有话说,才能将演讲顺利进行下去。东拉西扯,听众会听得云里雾里,不知道你真正要表达的是什么。

言简意赅

有些青少年在为演讲设计开头时,或许是想给观众制造悬念,上台后就开始拐弯抹角讲一些与主题无关的事,最后,不但没有达到吸引听众的目的,反而让听众觉得多此一举。有时候,开门见山,直入主题也不失为一个精彩的开头。宋庆龄在接受加拿大维多利亚大学荣誉法学博士学位时有一段讲话,开头她直截了当地说:"我为接受加拿大维多利亚大学荣誉法学博士学位感到荣幸。"没有过多铺垫,简洁凝练,让听众的思绪一下子凝聚在她的讲话里。

我来试试看

与同学、朋友讨论某问题,采用直入主题的方式。或是平时与身边的人交流时,去掉铺垫,开门见山,看看其反应。

故事开头,引人入胜

阶梯目标

通过讲故事的方式开场,来抓住听众的眼球。让听众一开始就沉浸在新颖、动人的故事里,使演讲能够顺利进行。

在一次主题为"可怜天下父母心"的演讲比赛上,一位同学讲了这样一个故事作为开场白:"一条鳝鱼很不幸地被人捕获了,厨师将它扔进了热锅里,可它总是竭尽全力地弓着腰身,即使已到了生命的最后一刻,还是尽量地抬高腹部。这一现象引起了一位厨师的注意,于是他解剖了这条鳝鱼,发现它的肚子里竟有无数的卵。这位厨师无比惊讶,顿时,他对这条美丽的鳝鱼——一位伟大的母亲肃然起敬。"在讲这个故事时,听众们静悄悄的,沉浸在母爱的感动中。

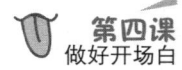
第四课
做好开场白

这则小故事成功唤起了听众对演讲主题的认同感,让演讲者自然地过渡到"母爱"这个话题,是个很成功的开场。

运用讲故事开场,可以快速吸引听众的注意力。通常这种开场白也很受欢迎,因为,没有人不喜欢听故事。讲故事的题材可以来源于电影或书刊,也可以是亲身经历的事情。对于青少年来讲,这是较为简单的,现场气氛被调动起来后,接下来的演讲就会更加从容、自信。

语言简练

整个演讲本来留给开场白的时间就不多,因此,故事不要太长、太复杂,控制在两分钟左右,否则,开场白就会变成故事会。青少年在运用故事开场时,可以结合主题,引用当天看到或发生的事,用几句话概括出来即可。

有深远意义

所讲的故事一定要有意义,如果只是为讲故事而讲故事,没有实质意义,起不到发人深省或活跃气氛的目的,那故事就会变得空洞,听众听得也索然无味。即便故事讲得再起劲儿,听众也觉得不知所谓。

结合主题

演讲中,所有的语言都是为演讲主题服务,偏离了主题,不仅浪费时间,还会让听众失去耐心。真正成功的演讲应该是,听众少听一句话都觉得是损失。因为,开场白就是要抓住听众的注意力,用故事引领听众一步步听下去,让听众从有趣的故事中体会到演讲的主要内容。

我来试试看

当众讲一则故事,可以是当天的所见所闻,也可以是刚刚看过的电影情节,用自己的话讲出来,看看对方的反应。

制造悬念,把观众的胃口吊起来

阶梯目标

学习巧设悬念的方法来调动听众的胃口。尝试在演讲中运用。

在毕业的欢送会上,每位老师都给予了同学们深切的厚望、美好的祝愿。此时,班主任走上台致辞:

我原本也想要祝福大家一帆风顺的,可是,细想之下,这样的祝福不太恰当。(听完这句话,台下同学们的注意力一下子就被吸引了,大家不约而同地望向班主任,等着他的答案。)为什么这么说呢?一帆风顺就像祝福某人洪福齐天一样,虽然美好但空洞,这没有任何意义。在这里,我要说的是,漫漫人生,途中布满荆棘,遇到艰难困苦在所难免,比如说……而这恰是最真实的人生,不惧逆境拼搏出来的人生才最辉煌。祝大家努力拼搏,用坚定的步伐征服坎坷的人生,走向美好的未来。

这位班主任没有用传统意义上的祝福语,而是用"一帆风不顺"留了一个悬念,吊足了同学们的胃口。于是,接下来班主任的话,他们听得极为认真。人都有好奇心,当心中有了疑问,就总想着问出个所以然来。从心理学上来讲,这叫作"逆反效应"。好的悬念可以将听众的注意力完全吸引过去,有效地将演讲内容传达出来。在演讲开场制造悬念,往往会有意想不到的收获。当听众的好奇心被激发,就有利于演讲者快速进入演讲主题。

同学们在采用这一方法时,要把握好度,否则一不小心就成了故弄玄虚、哗众取宠。例如,大家都知道的常识性问题就不适合用于制造悬念。还有,悬而不解也会让听众反感。

巧妙设置"悬"

有很多人都看过小说,小说是否吸引人,一部分原因就在于作者设置的悬念是否精彩。情节波澜起伏,才能引人入胜。当你有疑问时,就会一页一页看下去,即便很长,哪怕牺牲吃饭时间也要将其看完。这就是巧设悬念的作用。有了疑问,听众就会思考,这样就为"答"提供了基础。

"扣"要慢慢解

当你设置了悬念,不要急于去解"扣",情节过快,对听众就没吸引力了。当然,也不能太慢,稍稍卖个关子,让听众有"然后呢?"的心理,这样才能牢牢抓住听众的注意力。

我来试试看

在演讲开场时,设定一个悬念,观察听众的反应。

缓和气氛，学会赞美别人

阶梯目标

了解赞美型开场白的作用，学习在适当的场合中运用。

1980年11月28日，钱钟书，这位学贯中西的文学巨匠来到了日本早稻田大学。在恳谈会上，他的开场白是这样的：

到日本来讲学是很大胆的举动。就算一个中国学者来讲他的本国学问，他虽然不必通身是胆，也得有斗大的胆。理由很明白、简单。日本对中国文化各个方面的卓越研究是世界公认的，通晓日语的中国学者也满心钦佩和虚心采用你们的成果。我深知要讲一些值得向各位请教的新鲜东西，实在不是件轻松的事。我是日语文盲，面对着贵国"汉学"研究的丰富宝库，就像一个既不懂号码锁，又没有开撬工具的穷光棍，瞧着大保险箱，只好眼睁睁地发愣……

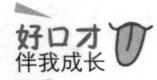

钱钟书的演讲使用了幽默生动的开场白，真诚地赞美日本对于汉学的研究，放低姿态，表达敬意，让人心生感动的同时，无形中也拉近了与听众的距离。

没有人不喜欢听赞美的话，赞美可以让人从心理上感到被需要、被尊重、被欣赏……正如拿破仑·希尔所说："人类内心最渴望的就是被他人欣赏，所以我们要多夸奖他人。"使用赞美来开场，可以缓解气氛，构建和谐的演讲环境，非常适合在陌生场合中使用。同学们在演讲中一下子面对很多听众，紧张在所难免，适当的赞美不仅可以拉近与听众的距离，也可以缓解紧张情绪。赞美是需要技巧的，否则会吃力不讨好。

从职业与身份出发

演讲开场，首先要面对的就是称呼问题。一般严肃的报告大多是以"女士们、先生们""尊敬的领导"等称呼开头。当你面对特定的人群时，可以使用独具匠心的称呼开头，从称谓上加以赞美更容易引起听众的好感。例如，一位演讲者面对医学院的学生，他一上台就亲切地讲："未来人类生命的守护者们，你们好！"话音刚落，掌声雷动。富有诗意的赞美性称呼，贴合听众的身份，更容易被听众所接受，演讲者一开始就抓住了听众的心。

从情结出发

每个人无论是对故乡还是对学校都有浓浓的情结，当你从听众所处地域的角度赞美，实际是间接赞美听众，使听众感到自豪。例如，演讲者到广州某学校演讲："今天，被贵校邀请演讲，我感到非常荣幸。广州这座城市在我心目中，不仅仅是具有独特的岭南文化、茶文化，更代表了时代的步伐……"演讲者的开场白是对广州

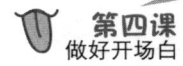

这座城市的赞美,地域特点明显,很容易激发听众的故乡情结,在情感上产生共鸣。

以退为进

同学们在演讲时会遇到各种各样的听众,上台的那一刻就要进入演讲状态。当面对台下嗡嗡作响的听众时,你该如何应对呢?当听众对你的演讲表示不屑时,你该如何挽回?开场之初,当听众质疑你的能力时,你可以先适当地进行赞美,让听众卸下心中的戒备。

某青年演员第一次随歌舞团到成都表演,他走上台,台下发现演唱者是个名不见经传的、与他们年龄相差无几的青年人,感到颇为不满,骚动一片。青年演员没有马上开口唱,而是讲了一段话:"从知道要来成都表演,我就一直盼望着这一天能早日到来,亲眼看看这座天府之国,尝一尝闻名遐迩的成都小吃——说到吃我都有点流口水了(台下掌声一片),更想领略一番你们美好的象征——木芙蓉的风采。芙蓉花开,灿若朝霞,与我想象中一样,这花热情、纯真、美好,我觉得成都的姑娘和小伙子也像木芙蓉一般,善良、细腻,有君子之风。我并没有多大的声望,可是,我有一颗年轻的心,很高兴能站在这里为你们演唱,我想我会得到你们的支持与喜爱……"在一片掌声中,青年演员的歌声缓缓响起。

这位演员以城市与市花为基调,赞美听众"像芙蓉花一样美好、善良",此时与听众的距离一下子就拉近了,从而使演出走向成功。

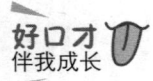

同学们在演讲中,不要将自己置于高高在上的位置,真诚的赞美不是阿谀奉承,更不是让你刻意讨好,发自内心的赞美才能达到平等沟通的效果,才会让听众放下戒心,达到演讲的最终目的。当然,赞美还要适度,恰到好处且有新意的赞美更容易收获听众的心。

我来试试看

观察身边的人,发掘曾经忽略的细节,发自内心地给予对方细节上的赞美,观察对方的反应。

扫码观看精彩视频

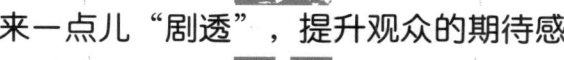

来一点儿"剧透",提升观众的期待感

阶梯目标

运用"剧透"的方式,来增加听众的好奇心,让听众对演讲内容欲罢不能。

2007年1月9日,iPhone的发布会上,那时,还没有人见过iPhone,乔布斯有了这样一段开头:

换句话说,一个人的一生可以见证一件革命性产品就已经非常好运了,很庆幸,苹果可以在过去的日子里为大家介绍了几个这样的产品:1984年,我们发布了Mactinosh电脑,它改变了苹果,也改变了整个电脑行业。我们在2001年发布了第一台ipod,大家听音乐的方式就此改变了,整个音乐行业也随之改变了。然而,今天,我们要发布三款同样级别的产品。第一款,一个触摸控制的宽屏幕ipod;第二款,一个革命性的移动电话;第三款,一个突破性的互联网通信工具。好吧,三款东西,一个可触摸宽屏幕ipod,一个革命性的手机，一个突破性的互联网通讯器；一个互联网通讯器，一个ipod，一个手机，你知道我在说什么吗？这可不是三款独立的设备，而是一个设备，它的名字就叫iphone，今天，今天苹果要重新发明手机，这就是它了。不，这才是它（手里举起一样东西），但是我现在先收起来（放在了裤子口袋里）……

这是第一代iPhone问世时，乔布斯的介绍。先是透露发布三件产品，当听众期待着他呈现这三样产品的时候，他出其不意地说这是由三款产品组成的一样产品。台下听众顿时激动了起来。

如果是你，站在讲台上，你会如何介绍这款产品呢？我想，大多数人会这样说：今天我们推出的新产品叫iPhone，它有三个强大的功能，一是……二是……三是……这样的介绍，即便产品再好，听众也不会感兴趣。

我们都知道，电影、电视剧在开播之初都会来点儿"剧透"，以预告片的方式呈现给观众。看着预告片里吸引人的部分情节，便想要了解真正的剧情。如此一来，电影、电视剧的收视怎能不提高？演讲亦如此，在开场时，给听众来一点儿抓人眼球的"剧透"，一步步深入，让听众带着期待的心情听演讲。

同学们，请你们记住，听众其实是非常希望你的演讲可以成功的，而你要做的就是向他们证明，他们的选择没有错。给听众留下的第一印象非常重要，这样才会接受你之后提供的信息，就算是争议性的观点，他们即便不接受，也不会去抵制。

"剧透"有度

一些同学在运用"剧透"开场白时，没有把握好度，把该说的基本都说了，听众也就没什么兴趣往下听了，在听众看来，之后的

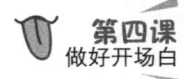
第四课
做好开场白

内容也不过是加长版的开场白。

就如电影预告片一样,如果将所有的高潮镜头都看完了,那么,就没有了看正片的那种期待的感觉了。当观众觉得只看预告片就够了的时候,显然,电影的宣传是失败的。这也是为什么常常会听到电影主演说:"想知道更多更精彩的内容,到电影院就知道了。"这样的话更容易挑起观众的期待感。在演讲中,可以借鉴预告片的方式,能一句话表述的,绝对不加第二句话,要让听众有接着听的欲望。

提出问题

结合演讲主题,在开场之初,有针对性地提出问题,达到"剧透"的效果。提问式开场,可以给听众想象的空间,增加听众的期待感。因为听众急于知道答案,便会将注意力集中在演讲上。提问却暂时不解答,制造悬念,更加吸引听众。

借助幻灯片

幻灯片在演讲中起到了很大的作用,一些用语言无法表达的内容,借助幻灯片来表达会更加直观。如打开幻灯片,对听众说:"我等会儿要说的内容就与这幅画面有关。"那么,听众的注意力一下子就被吸引了,在关注画面的同时,就会期待,你会讲什么内容。

我来试试看

给身边的同学叙述一件事或讲一个故事,在讲之前,给对方透露点相关信息,让对方期待接下来的内容。

第五课 给声音化个妆

你将在本课中学到
- 演讲中的发音
- 演讲词汇运用
- 演讲情感调节
- 演讲节奏把握

关键词： 声音 情感 节奏 词汇

标准：一口普通话，走遍天下都不怕

阶梯目标

提升普通话水平，通过学习锻炼，让自己的声音更有辨识度，为演讲加分。

阿文是从农村走出来的优等生，初二才从老家的学校转到省城。升入高一，阿文的成绩一直保持着年级前十名。

某天，阿文接到老师的通知，让他下周在班里做一次演讲，传授自己的学习心得。阿文性格内向，演讲对于他来讲是个巨大的挑战，但又不能拒绝老师的任务。阿文硬着头皮写了一篇演讲稿，老师也帮他修改了一下。新的问题来了，阿文的普通话不太标准，这也是他甚少开口的原因，但演讲必然需要讲普通话。阿文是个不服输的人，以前并不觉得普通话有多重要，所以也没有刻意去练。如今，问题摆在眼前，他不得不下定决心去练普通话。

阿文买了一本关于学习普通话的书，利用一切闲暇时间苦练普通话。因为拼音基础打得牢,阿文学得并不吃力。最初他用手机录下自己读演讲稿的声音,然后听听哪里说得不好,改之。后来,让父母当听众,进行脱稿演讲……

终于到了演讲时间,深呼吸,走上台,阿文开始了演讲。同学们惊讶于他的从容,沉醉于他与众不同的学习方法,而更多的却是被他一口标准的普通话所吸引。平和、沉稳、咬字清晰,让人不自觉信服,抑扬顿挫掌握得很到位,即便有一两个字,前舌音、后舌音说错了,同学们也不在意。演讲结束,阿文赢得了热烈的掌声。

普通话是中国的语言,无论走到中国的哪个地方,方言再难懂,但是只要有一口标准的普通话,对方就能瞬间明白。很多人都看《新闻联播》,听着主持人字正腔圆、悦耳动听的声音,的确是一种享受。这也是不分地域,不分年龄,人们喜爱看《新闻联播》的原因之一。

有些同学或许会说:"我们又不想成为主持人,普通话说不标准也没关系。"真的没关系吗?还有人说:"有些成功人士的演讲也夹杂着方言,听众还觉得有特色呢。"我觉得,作为正在奋斗路上的同学还是先将普通话学好,才能更好地与人交流。就演讲而言,不要求同学有播音主持的声音,但最起码普通话要标准,否则听众很难听得懂。

生活中,很多人说话都会受方言影响,让人听不懂其中的意思。有些地方则是前舌音、后舌音,或是"n""l"分不清,还有些同学追求所谓的"潮流",明明是"péng you"非要读成"pén you"。从某种意义上来讲,这是对普通话的不尊重。发音吐字直接反映了一个人的气质与形象,它不单单是语言表达的工具,更是人与人之间沟通的桥梁。一个连普通话都说不标准的人,是无法呈现

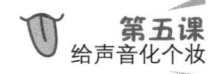

好的演讲的。

要想说一口标准的普通话,并非一朝一夕的事,这需要一定的方法,加上不断地练习,才可达到。

克服恐惧

受环境的影响,很多人没有说普通话的勇气,这在很大程度上影响学习普通话的进度。学习普通话首先要勇于张口,不能怕被嘲笑。克服内心的恐惧,是学习普通话至关重要的一步。

多听

学习普通话,一定要会听。无论是新闻还是广播,或是身边普通话说得好的同学,都是学习普通话的很好时机。尤其是新闻里主持人的普通话是非常标准的,仔细听主持人是怎样发音的,观察主持人的口形,边听边模仿,练习说普通话的感觉。

多读

普通话一定要读出来,默读与真正的发声,感觉是完全不一样的。准备一些材料,大声念出来,无形中你会与主持人的发音做对比,在对比中进行调整。念的过程也是培养语感的过程,可以在短时间里纠正发音。在这个过程中,记录下容易读错的字和音,多加练习,避免再次出错。

录音

同学们可以将自己读的一段文章录下来,然后听一听哪里需要加强。也可以请人来听,当别人指出错误时,要虚心接受。有些字词会常常读错,即便心里知道怎么读,嘴上却总是读错。遇到这样

的问题，可适时减缓语速，将这个字词读清楚。很多同学都是因为语速过快而影响了普通话的质量，让人听不清说的什么。录音时可以多注意这个问题。

交流与巩固

同学们要想说一口标准的普通话，就不要逃避交流，即便你讲得有些生硬，也要放开胆子去讲。久而久之，你的普通话就会有很大的提高。当然，当你可以讲一口标准的普通话后，也别忘了巩固，否则前面的努力也就白费了。多练习那些容易出错的字词，让你的普通话说得更流利。

我来试试看

放慢语速，用标准的普通话与身边的同学、朋友交流，或讲一个故事。

声音：声音传播要响亮

阶梯目标

通过对声音的训练，让自己的声音更有魅力。

大一新生小妍加入了学校的辩论会。小妍是个品学兼优的学生，在辩论会里，她经常出谋划策，但真正上台参赛的机会并不多。用辩论会会长的话说就是，小妍综合素质不错，但就是声音太小了，尤其遇到长篇幅的话，总给人上气不接下气的感觉，首先在气势上就输了。

小妍进行了深刻的反省，她也想站在台上展现自己的风采。为了改变这一不足，她不但坚持每天跑步，锻炼自己的气息，早起还会跑到无人的地方练习嗓子。经过一段时间的努力，小妍的声音有了很大的改变。

在一次辩论赛上，终于看到了小妍的身影。在台上，小妍脆生生的声音中带着自信的神采，吐字清晰，观点明确且有条

理。这是一场精彩的辩论赛,小妍的表现也得到了队友及评委的好评。

演讲最重要的一点:不管听众有多少,要保证全场听众都能听得清你的讲话,这样才能做到吸引全场的注意力。如果说话吞吞吐吐,声若蚊蚋,在气势上就输了一大截。面对没有底气的演讲,听众怎么会用心去听?

在演讲中,音量的掌握很重要。同学们在表达过程中要明白,声音过于轻柔,听众就有可能听不清;声音过于响亮,听众会反感,觉得聒噪。

在演讲中,"讲"是最重要的,而"讲"需要借助声音。那么,你的声音就是最重要的演讲工具,声音或高或低都会影响演讲质量。这就需要演讲者包装自己的声音,以此来提高自身演讲能力,让你的演讲更具说服力。这与歌唱家"吊嗓子"是一个道理。歌唱家很多并非天生的,他们也需要通过各种方式来训练和保护自己的嗓子。就演讲而言,通过练习,掌握一定的技巧,你的声音就会更具魅力,演讲也更有感染力。

开场声必扬

一些同学在面对公众演讲时常常会因为紧张,在一开始张口说话时,声音很小,气息不稳,这就给人一种怯懦之感。演讲还没真正开始,你就已经处于劣势了。演讲时,第一句话一定要响亮,这非常重要。你需要用你的激情与活力去感染听众,吸引听众的注意力。很简单的一句话:"尊敬的领导、同学们,大家好!"如果用响亮、自信的声音说出来,必定能吸引听众的目光;相反,如果用

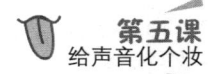

很小、很平的声音说出来,即便有话筒传递,也无法引起听众的关注,还会让听众觉得你底气不足。开场用响亮的声音,在无形中也给予了自己力量,让接下来的演讲更顺利。

借助肢体语言

同学们对于演讲或多或少都存在一定的恐惧心理,即便准备得很充分,但在上台前还是会紧张。然而,越是紧张,就越是放不开。到了演讲时,声音就会越小,这是一种恶性循环。同学们在这个过程中,不妨借助肢体语言来缓解紧张感。通常,用手势动作来辅助,会让一个人充满能量,感到轻松,声音也会随之提高。我们可以回想一下,在生活中,当我们愤怒、激动时,通常都会加入肢体动作,声音也会随之提高。在演讲中,亦是如此。

增强自信

一些同学在上台后之所以打不开声音,其实是与自信有关。当一个人对自己不自信时,说话的声音就会随之减小。在演讲中,同学们要不断提醒自己,肯定自己。只有自信了,演讲时才能全情投入,声音就会变得自然且响亮。

锻炼肺活量

肺活量与音量的高低有很大的关系。演讲不同于平时慢条斯理的交流,有时需要长篇大论,侃侃而谈,如果没有强大的肺活量做支撑,演讲就会变得吃力。对于同学们来讲,这是一件较为容易的事情,肺活量可以通过体育锻炼来提高,如跑步、游泳、打篮球等,还可以经常做扩胸运动。一个人的肺气足了,音量自然而然就提高了。

学会正确地呼吸

平静状态下,成人的呼吸频率为每分钟 12~20 次。在演讲过程中,很多同学都有这样的感受:演讲中出现一段很长的话,当没掌握好呼吸时,说到后面就会有喘不上气的感觉,而且声音会越来越低,影响演讲质量。科学的呼吸会使你的声音更响亮、动听。学习用胸腹式呼吸,用你的发音提供充足的气息,这样讲话就不会太吃力。吸气时,向内收缩小腹,大腹、腰、胸则向外扩张,用鼻子吸气。呼气时,不要放开小腹,控制住胸、腹部,慢慢放出肺部的气息,用嘴巴呼气。在呼气的过程中,发出有节奏的语音,在这个过程中,要保持放松,抬头,舒展肩背。呼吸顺畅了,语音才能更清脆、流畅,说话也会显得中气十足。

我来试试看

找一篇自己喜欢的文章或演讲稿,用洪亮的声音进行朗诵或演讲。

扫码观看精彩视频

节奏：说话节奏要分明

阶梯目标

明确节奏的重要性，掌握说话节奏技巧，让自己的声音抑扬顿挫。

一个优秀的演讲者，在演讲过程中所使用的语速与音量都不是一成不变的，他们的声音富有节奏，声音的变化会增强演讲的表现力。比如，说到兴奋的地方，语速可以加快；说到沉重的地方，语速可以放缓；需要强调某个观点时，可以提高音量……

下面我们来看一段马丁·路德·金的演讲：

"我想让整个蒙哥马利，整个国家都知道，我们是基督教信徒。"在这里，他将"基督教"这三个字念得特别清楚，加以强调。

接着他又说：

"今晚，我们手上唯一的武器，那就是抗议。"在此，他稍作停

顿，台下掌声雷动，赞扬声一片。接下来马丁·路德·金开始了缓慢低沉的述说：

"如果……"

在马丁·路德·金的演讲中，他音色时而深沉，时而高亢；时而快，时而慢。听众的情绪也随着他的声音变得跌宕起伏。当马丁·路德·金走下台时，听众还意犹未尽，掌声一路跟随着他走出教堂。

马丁·路德·金利用自己深沉的男中音，很好地把握了说话的节奏，达到了演讲的最佳效果。同样地，林肯在这方面也相当出色，他一生发表了无数的演讲，其演讲掷地有声，成为很多人学习的典范。在美国历史上，林肯的演说常常被拿来引用。林肯在国家生死存亡之际所发表的演说都引起了强大的反响与关注。在葛底斯堡演讲中，林肯仅仅用了两分钟的时间，268个词，以陈述句的形式展开，语言简练、紧凑，增加了演讲的力量。在演讲过程中，当有需要强调的词句时，林肯就会拖长声音，一字一句地说出来；不需要强调的词句，他通常会快速地说完。说话的节奏使得演讲层次分明，听众更容易被吸引。

同学们在演讲时，要注意停顿，这样可以强化声音的变化，让语言更有层次感。当然，何时停顿，如何停顿，对于同学们来讲是巨大的挑战。演讲讲究抑扬顿挫，声音的起伏可以调动听众的情感，有利于现场的把控。对于同学们来讲，只要掌握说话时语音、语调变化的技巧，便能从容应对。在这方面，乔布斯是个中高手，他恰到好处的停顿总是能引起听众的关注与思考，使他所传达出来的信息都能被接收。

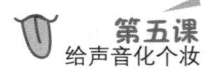

熟悉演讲稿

熟悉演讲稿在很大程度上会增加演讲者的信心,当你对所要演讲的内容了如指掌时,就会更加自信,在讲话时才能更有激情,进而全身心投入到演讲中。说话变得流利,情感也变得丰富了。

语气错落有致

演讲并不是平铺直叙。就演讲而言,语气要随着演讲的内容有所变化。有时候会遇到这样的情况:在表达某种情感的同时,又出现其他感情。比如说某演讲者在进行演讲时,演讲内容具有一定的批判性,批判某种社会现象,此时,他的语气是愤怒的、激昂的,但是说到那些受这种现象影响的弱势群体时,语气里又渗入了深沉,还有对改变未来的期盼。例如,闻一多先生的《最后一次讲演》,对于语气交错的把握让人一下子就对演讲产生了共鸣。注意语气的交错性,主次分明,自然地过渡,便会使演讲更加生动。

控制语速

乔布斯在演讲时,对于语速的拿捏非常到位。他用正常的语速示范演讲,却用极慢的语速阐述标题或重要信息,这样做就是让听众理解并记住重点。

很多同学说:"平时说话不是很快,可是一面对人群,语速就不自觉地加快,恨不得赶快讲完。"其实,这是紧张所致,一些人在紧张状态下会说不出话来,而一些人则会加快语速。在演讲时,语速的控制非常重要。语速太快,给人焦虑之感,还会因为词语含糊不清影响听众的接收效果;语速过慢,给人沉闷之感,会让

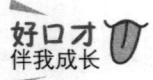

听众失去耐心。一般情况下,10分钟的演讲,语速保持在每分钟170~200个字较合适。

我来试试看

在本周课堂让寻找机会大声朗读一篇文章,把握语速、语调以及节奏。

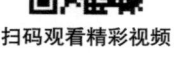
扫码观看精彩视频

词汇：用词准确，事半功倍

阶梯目标

认识词汇对演讲的影响，用精准的词语来表述演讲内容，掌握相近词汇的不同意义及对听众的感受。

2015年7月31日是一个特殊的日子，中国获得了2022年冬奥会的主办权。此时的杨澜是北京冬奥申委总策法务部负责人，这天，杨澜做了历史性的三分钟陈述：

女士们，先生们：

中国经济强健，资源多样，适应性强，不过度依赖于任何单一产业。我们拥有丰富的自然资源，是世界上许多国家最大的贸易伙伴。所有这些因素让我国的经济多样化发展，并且充满活力，让中国有能力为成功举办冬奥会提供保障。

国际奥委会评估委员会的报告指出，"北京冬奥组委的预算应是经过深思熟虑的，并提供了一份切实可行的财务计划"。我们有经验丰富的预算团队,有国际奥委会的专业指导,保证我们能够实现积极稳健的收入和务实有效的支出。我们还将有效管理汇率波动对利益相关方的影响。

北京在实施2008年市场开发计划时,打破了多项纪录,创造了12亿美元的国内市场开发收入。国内外企业通过竞争积极争取与奥运会合作的权利。

我们在夏季奥运会取得的成功,为我们在冬奥会上取得新的成绩打下了基础,为奥运会提供了长期的财务可靠性,维护了奥运会的声誉。

随着收入和生活水平的提高,中国消费者的购买力比世界其他任何主要市场增长得都快。体育健身正在成为人们新的生活时尚。

我国政府预计,到2025年中国体育产业规模将达到8000亿美元。随着这一市场的增长,中国和世界冬季体育运动将从中长期受益。

在中国举办一届冬奥会,将为2022年及其之后的体育事业提供前所未有的机遇。

事后在采访杨澜的过程中,她坦言,短短三分钟的陈述,陈述词却改了20多遍。就杨澜自己所言,每个字有每个字的情感色彩,有些字虽然意思相同,但强调程度各不相同,那么,在选字上就要格外留意。三分钟的陈述词,可以一个字表达的,绝不会用两个字,因为每个字都弥足珍贵。杨澜事后回想时,笑言整个团队常常会为了一个字而争论得面红耳赤。在之后的演练中,也是不断地修改、磨合。最终才有了大家现在所听到的内容。

或许有人会说,这是关乎国家的大事,用词必须准确,而一般

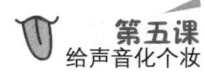

的演讲，用词则可以随意。其实不然，中国的语言有着极大的魅力，同样的词语用在不同的地方，就会产生不一样的效果。例如，"狡猾的犯罪分子"中的"狡猾"是说坏人很阴险，而"这个小家伙可真狡猾"中的"狡猾"则是指小孩很调皮可爱。词语的组合会产生化学反应，甚至语调不同，所表达的内容就有可能与听众的理解相悖。

在演讲中，词语的选择很重要。演讲有别于日常生活化的交流，尤其是正式场合下的演讲，词语是需要经过揣摩，精雕细琢之下才能决定适不适合放在演讲里。用词准确，演讲才能达到事半功倍的效果。

辨析语义

在演讲中，对于词语的把握非常重要。在选词时，要辨析语义，选择更合适的词语。现代汉语有着太多意思相同或相近的同义词，而这些词语可以帮助我们准确地表达某种客观现象或是情感。但是，日常生活中受地域等方面影响，在语言表达上存在一定差异，而且，很多人觉得，既然是同义词，那么，使用哪一个都可以。其实不然，同学们在演讲中，要注意同义词的使用。如"具有"和"拥有"两个词，看似都代表"有"，且都是动词。不同的地方在于，"具有"表示的是有某种特质，代表抽象事物，如品质、意义等；"拥有"则指具体的事物，如车子、工作等。

注意感情色彩

一个词，单独拎出来并不会有所谓的恰当或不恰当之说，可是，将词放入段落中，与段落中的其他词相结合，依据结构的关系，就要注意用词是否恰当了。如"你是个卑鄙小人。"改成"你这卑鄙小人。"两句话所表达的意思是相同的,但前一句的情感色彩不够强烈,只是平淡的叙述。后一句则不同,强烈的情感色彩准确表达了一个人的愤恨之情。

还有褒义词与贬义词、中性词的使用。如一位演讲者说:"在一次教师表彰大会上,一位教师自诩……""自诩"有自我夸耀之意,含贬义,此时用在教师表彰大会上就有些说不通了。再如,"到最后,几名犯罪分子团结起来,一起冲向了警察……"在这里"团结"这个词显然不能用在犯罪分子身上。

另外,一些词随着社会的发展,词义也发生了变化。如"粉墨登场"这个词原有讽刺之意,是贬义词,多指政治舞台。但如今,已不含贬义了,例如,一众演员粉墨登场,为我们献上了一出精彩的舞台剧。

我来试试看

写一篇演讲稿,更换不同的词汇表达相近的意思,体会其中的不同。

5 情感：声随意变

阶梯目标

体会情感在演讲中的作用，练习在演讲时融入情感。

学校里进行了一场"公正在人间"的主题演讲，每位同学饱含激情的演讲让台下听众热血沸腾。

一位同学落落大方地走上台，他用铿锵有力的语调讲："世上存在真正的公平吗？"激昂的情绪也带动了台下的听众。此时，他又转入低沉的声音，放缓了语速说："对于这一点，其实，我也常感到困惑，有时也会怀疑世界的公正。在上台之前我还在自问'公正在人间'吗？"一句反问让听众开始思考。演讲者环顾现场，用充满激情的声音大声说："在这里，我想说的是，公正在人间！我突然想起曾经看过的一篇文章，当时并未深想，文章讲的是……"演讲者低沉、有力的声音缓缓响起，使听众听得入神，结束后报以热烈的掌声。

这位演讲者的整个演讲过程都深深地吸引着听众，他用真挚的情感感染着听众，声音随着演讲内容而不断调整，让演讲更生动。同学在演讲时要明白，声音不仅仅可以将所要表达的内容准确恰当地表达出来，更能娓娓动听，直接影响着演讲的效果。

一个优秀的演讲者，在演讲时不会使用同一种声调，他们会根据演讲内容，时而加重语气，时而感性叙述，时而欢快轻松……例如，在号召听众时，语气就可以加重；在叙述沉重的故事时，语气就可以低沉缓慢。声音的高低起伏配合着演讲内容，这样的演讲才有感情，才能打动听众。乔布斯在对第一代 iPod 进行介绍时，他略微提高嗓音说："可以做到无论何时都能随身携带你的整个音乐库，对于欣赏音乐来讲，是个巨大的飞跃。"接下来，他压低嗓音，用低沉的声音说："可是，这不是 iPod 最酷的地方，它还能把你整个的音乐资料库全装进你的口袋。"抑扬顿挫的音调，高低起伏的音量，这些都牢牢抓住了听众的注意力。

一场演讲，如果总是用较高的音量或是情感没有起伏，就无法突出重点，听众就不理解你所讲的内容。同学们在演讲时，要投入真挚的情感，调整声调，便可使演讲达到戏剧性效果。

真诚以对

只有真诚地面对演讲，演讲才有生命，才能吸引听众。人都是有情感的，激动时语气会加重；伤心时语气会低沉；高兴时语气会欢快……在演讲中，真诚地投入情感，才能触动听众。例如，柴静的演讲《穹顶之下》。100 分钟的演讲，没有不必要的停顿与重复，没有夸张的语调，没有过多的渲染。用真诚去演讲，情感便会自然而然流露出来，声音也会变得灵动。

有些人声音很好听，可是没有吸引力，无法感染听众。原因很

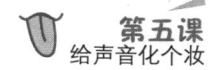

简单,没有感情。这就好比唱歌,如果没有感情投入,声线再好又有何用?演讲者在面对演讲时,声音要随着主题与内容而有所改变,由内而外地表达自己真实的情感,不掺杂表演成分,那么,你的演讲就会更加生动。

精神饱满

一个人的演讲状态是非常重要的,声音响亮,富有激情会给人一种活力四射的感觉。这一点会让你在传递信息时,更有影响力。同学们是初升的太阳,在演讲中,要精神饱满,用自信和从容的状态去面对演讲,会更具带动性。

张弛有度

任何一场演讲都不可能是四平八稳的,这就好像一首歌,有起有伏的曲调让歌曲更动听,演讲亦如此。当然,一定要把握好度,即便再强烈的情感表达,也不要有声嘶力竭的表现,张弛有度,才能让情感表达得更到位,声音才更吸引人。

> **我来试试看**
>
> 选择一篇情节跌宕的文章,富含情感地读出来,录下来回放试听,体会是否能够吸引自己。

造势：让每一句话都具有鼓舞人心的力量

阶梯目标

明白造势的意义，明白声音、词汇在造势中的作用。通过造势，引导听众，营造现场气氛。

比尔·盖茨除了是世界首富外，还是一位慈善家，在关于防疟疾的问题上，他曾发表过一次演讲。

比尔·盖茨走上台，面对台下侃侃而谈，他讲疟疾不被人所重视，投入防治秃顶药物的钱比研发防治疟疾药物的钱还要多。他讲道："谢顶是件很糟糕的事，有钱男人备受煎熬，因此会优先考虑治秃的问题。"听到这里，台下一片笑声。接着他讲道："即使疟疾每年会夺走数百万人的性命……"台下听众陷入沉默。此时，比尔·盖茨说："疟疾是通过蚊子传染的，今天我带来了一些蚊子……"他边说边走到台上放着的一个小罐子旁，伸手将罐子打

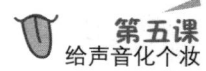
第五课
给声音化个妆

开。此时台下一片骚动。他接着说:"我要让它们在礼堂四处飞行,没有理由只让穷人被传染疟疾……"听着比尔·盖茨的话,台下掌声、笑声一片。在大家的掌声中,他又说:"大家放心,那些蚊子并没有被感染……"大家反应过来,又是一片掌声。接下来,比尔·盖茨的每一句话都在提醒着人们疟疾的可怕,他的演讲成功将人们的目光吸引到了防治疟疾上。

演讲的内容本可能是平淡无奇,或是沉重枯燥的,但经过比尔·盖茨诙谐幽默的造势,现场气氛轻松又不失凝重。他的演讲具有强大的感召力,全场的气氛都由他来掌控,听众的心理也由他来调动。这些都源于比尔·盖茨的造势,他让自己的每一句话都极具鼓舞人心的力量。

一场精彩的演讲应该有一种振奋人心的气势。演讲者需要根据主题来调动现场气氛,将听众带入你的演讲中,将演讲推向高潮,最终达到影响听众的效果。

同学们在演讲时,如果听众都抬起头听你说话,你提出的问题听众都积极响应,那么你的演讲就是成功的。反之,你讲你的,听众却低着头"沉思"或睡觉,那你的演讲将宣告失败。调动现场的气氛是演讲非常重要的一环,要学会造势,调动听众的积极性,才能让演讲达到最佳效果。

先抑后扬

在演讲过程中,经常会使用欲扬先抑的手法,这可以形成一种反差,营造出情境跌宕起伏的气势,以此来吸引听众。阿济·泰勒·摩尔顿的一场演讲很好地反映了这一技巧。演讲中,她这样讲道:"我的母亲是聋哑人,我的父亲是谁我也不知道,也不知道他

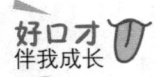

是否还活着,我的第一份工作是在棉花田里……一个人未来如何,不是看运气、环境,也不是出身。对于一个人来说,如果想要改变现状,只要回答一个简单的问题:'我渴望情况变成怎样?'接着全情投入,付诸行动,向着理想前进。我叫阿济·泰勒·摩尔顿,今天,站在这里,我的身份是美国财政部长。"这段演讲先抑,以演讲者普通的出身开头;后扬,宣扬演讲者如今辉煌的身份。通过先抑后扬的造势技巧来激发听众的情绪,对于演讲者提出的"简单的问题"进行深入思考。

巧用转折句

在演讲中语义的转折可以造成一种落差,使演讲更有气势,产生动人心魄的魅力。使用"虽然……但是……"这样的转折语句,有前面所述内容做铺垫,转折后就会产生强烈的震撼效果,以达到渲染主题的目的。

环环相扣

演讲时如果下一句和上一句完全没联系,那么,听众就会觉得你不知所云。演讲应该是层层推进、环环相扣的,用这种技巧将听众渐渐带入到演讲中,使听众对你所讲内容逐步产生兴趣。

用疑问句

在演讲中使用疑问句可以加强演讲的语势,使原本就确定的观点更加明确、鲜明。与正面表态相比,这样的问句更具煽动性。疑问句的运用可以使演讲者与听众快速形成共鸣,将演讲推向高潮。

另外,停顿与静默也会达到造势的效果,突如其来的沉默会使听众的注意力完全集中在演讲台。举个简单的例子:老师在讲台上

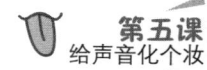

讲课，有两个同学在底下偷偷讲话。老师拿粉笔扔过去或是提醒他们注意听讲，结果都不甚满意。他们依然小声说个不停。此时，老师放下书，静静地看着他们，一秒、二秒……十秒，那两位同学不说话了。接下来直至下课，这两位同学也没再开口讲话而是一直认真听讲。

当然，演讲造势一定要紧扣主题，如果为了造势而造势，就会给听众一种哗众取宠的感觉。

我来试试看

在演讲中加入一些具有煽动性的语句，进行渲染，观察听众的反应。

演讲要有的放矢

阶梯目标

通过正确的表达方式，有针对性地进行演讲，以达到预期效果。

高二七班的学生近期情绪有些低迷，一是因为他们尊敬的班主任生病请了一个月的长假，二是期中考试班里的平均成绩较竞争班级低了很多。作为班长，陈锦觉得不能任由这样的情况继续下去。于是在第二天自习课上，陈锦走上讲台。

同学们：

请暂时放下手中的书本，听我说几句话。

期中考试后，我看到一些同学因为成绩不如意而闷闷不乐，还有一些同学甚至放弃了学习的欲望。我想说的是，成绩单漂亮与否不是最重要的，只要我们努力了，那就是一名好学生。即便基础不好也没关系，每天进步一点点，这也是一种成功。人生会接受你偶

尔的失败,而且,成绩好坏与是否聪明不能画上等号。马云还参加了三次高考呢,第一次高考,数学甚至只得了一分,难道说马云不够聪明吗?

同学们,学习没有捷径,考验才刚刚开始,如果此时放弃了,那将来谈何拼搏?同学们,让我们一起努力吧,带着我们的热情,用我们的青春去谱写属于自己的美好未来……(同学们回以班长热烈的掌声。)

最后,告诉大家一个好消息,我已与班主任取得了联系,他允许我们在不耽误学习的情况下去看他。(台下的同学有些激动,纷纷举手表示想要去。)班主任的病需要静养,语文老师让我们选三个代表去看望班主任……

班长针对同学们近期低迷的情绪进行了演讲。用演讲唤起同学们的学习热情,用行动传递同学们与班主任之间的情意。短短演讲虽不能改变所有同学的学习态度,但从同学们给予的掌声中可以看出,成效不错。再加上,班长一并解决了同学们关心的班主任问题,使他的话更加令人信服了。

同学们面对演讲时一定要有明确的目的,针对某个观点,做全面分析,准确地表达自己的观点,才不会让听众觉得你不知所云。

把握对方观点

演讲针对的是一个群体,是要讲给他人听的,如果你不了解你的听众,不知道他们所关心的问题,那你讲出来的话就没有人愿意听。只有了解你的听众,准确把握对方的观点,方能直入人心。

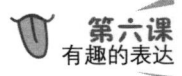

说话方式

演讲是以"讲"为主,如果演讲内容空洞生硬,听众是难以接受的。同学们在演讲表达中要运用语言艺术,注意自己的说话方式,如可以用幽默的方式来阐述严肃的道理。正确的说话方式不仅可以说明问题,还令听众易于接受。

对症下药

如果你发烧了,却吃治咳嗽的药,那能治好病吗?你要让听众对你的演讲感兴趣,就要说到听众心坎上去。在你对听众的需求有了全面了解后,就要确定演讲的目的,以正确的方式来解决听众所关心的问题。如传递信息,激励行为,说服或劝告。只有弄清楚演讲的目的,才能有针对性地准备素材,进而激起听众的兴趣。

我来试试看

观察你认识的某个人,然后针对某一观点进行探讨,看对方能否被你的话所吸引,能否听懂你要表达的重点。

扫码观看精彩视频

把握时机，巧妙表达

阶梯目标

掌握说话技巧，通过对说话时机的把握，巧妙地将演讲内容传递给听众。

广州广东大学（中山大学）的小礼堂里，坐着的、站着的听众挤满了礼堂，他们都是为了孙中山先生的演讲而来的。演讲进行到后期，由于通风不畅，很多人都出现了烦躁的情绪，为了缓解现场的气氛，孙中山先生临时增加了一个故事：在香港读书，我见过一个搬运工，他买了一张马票，把马票藏在他平时不离手的挑东西用的竹竿里，将马票的号牢记于心。等到马票开奖，他发现中了头等奖，欣喜若狂，激动之下将竹竿抛进了大海。他觉得从今以后都用不到这支竹竿了。去领奖时，他获知要凭票才能到指定的银行去取款。此时，他才想起来，马票在那支扔了的竹竿里。他拼命地跑回扔竹竿的地方，可是，哪儿还能看到竹竿的影子……故

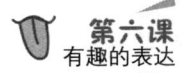

事讲到这里,听众唏嘘不已,有笑声,也有叹息声。现场的气氛不再沉闷,孙中山先生抓住时机说:"对于我们来说,民族主义这支竹竿可千万不能丢呀……"话题重新回到主题。

演讲并不是说得越多越好。优秀的演讲者要懂得在恰当的时机说恰当的话,而且,要一语中的。演讲中也常常会发生一些意想不到的事,此时就需要演讲者随机应变,也不一定要完全照着事先准备的演讲稿来演讲。孙中山先生面对听众烦躁的心理状态,先用故事活跃气氛,然后抓住时机,借故事说道理,巧妙表达,达到加深印象的效果。

同学们要明白这样一句话,就是孔子在《论语·季氏篇》中说的:"言未及之而言,谓之躁;言及之而不言,谓之隐;不见颜色而言,谓之瞽。"意思就是,不该说话时说,叫急躁;应该说话时不说,叫隐瞒;不看对方的脸色变化,而信口开河,叫闭着眼睛瞎说。同学们在演讲时很容易出现紧张的情绪,进而没有把握住说话的最佳时机,这样很难达到演讲的最佳效果。

准备充分

在演讲中,对自己所讲的内容烂熟于心,这样才能知道什么时候该说什么话。时机一旦成熟,就自然而然将听众引入你的话题中。这就如伺机而动的猎人,精心布置了陷阱,只等猎物过来,一击即中。

入题要快

在演讲中,面对听众时入题一定要快。演讲有时间限定,想要在短时间内博得听众的好感,达到演讲目的,就不能在台上说废话。同学在演讲中一定要注意,不能为了让演讲看起来有内容,就在台上东拉西扯。演讲中,把握说话的时机非常重要,开门见山,直入主题,会快速将听众带到情境中,跟着你的思路走,让节奏变得更强。过多的铺垫,只会错失良机。

察言观色

演讲者一定要注意察言观色。一些同学在演讲时,由于各种原因,不敢看听众,只想着将准备好的演讲稿背下来即可。还有一部分同学不注意听众的反应,自说自话,听众完全找不到重点,不知道你要表达什么。察言观色在演讲中非常重要,演讲者要时刻关注听众的反应,当听众的积极性被调动起来时,就要把握时机,将重要的观点阐述出来。当听众明显对话题不感兴趣时,你就要即兴发挥,巧妙地引起听众的注意。

我来试试看

在其他同学的交流中,注意观察,找到一个合适的时机参与进去,表达自己的观点。

增强气势多排比

阶梯目标

通过运用排比句的修辞手法,增强演讲气势,让所表达的内容更有说服力。

一位同学关于《读书,让我们更幸福》的演讲:

如果有人问我,你最喜欢的是什么?我会说:我喜欢大海的容人度量;我喜欢高山的坚强意志;我喜欢山泉的纯净美好。但我最想说的是,我更喜欢读书,它开阔了我的眼界,给了我通往幸福的砝码……

腹有诗书气自华,浓浓的墨香集聚的是智者深深的情怀,打开书籍里面有着更广阔的世界……书是一列阶梯,助我们登上顶峰;书是一剂良药,治我们无知之症;书是一杯美酒,驱散内心寂寞;书是一把钥匙,开启心灵之门……书是我们人生最好的伴侣,你不弃,它便不离,带你走向幸福彼岸。

在演讲中，排比句的运用比较频繁。像号召式的演讲，如果结尾加上排比句：我们应该……我们应该……我们应该……听众会听得热血沸腾，响应号召。

但在运用排比句的过程中要注意格式的掌握。一般情况下，所使用的词组或是句子都是意义相关或相近、相同或相似的结构，并排起来（三个或三个以上），以此来增强语言表现力。例如，用排比句说理，就会条理清晰，分析透彻；用排比句抒情，就使语言节奏更和谐，情感更丰盈……

同学们在运用排比句时，一定要与演讲主题相符。不能为了排比而排比，那就显得生硬了，不仅达不到应有的效果，听众还会觉得你在哗众取宠。

设问排比句

采用设问排比句式，就是先提出问题，然后再回答。例如，母爱是什么？母爱就是……母爱就是……母爱就是……层层递进，适时调节语调，让听众更深层次地体会母爱是什么。

反问排比句

反问排比句在演讲中运用的不是很多，这需要较强的文字功底做铺垫。如果语言不够通透，是达不到反复强调的作用的。例如，俞敏洪为什么敢放弃大学教师的稳定职业而投身商海？难道他不知道商场凶险？难道他不知道他是全家的支柱？难道他不知道这是一条无法回头的路？他正是靠着那股闯劲，不断拼搏……在这里深入地强调了俞敏洪敢闯的无畏精神。

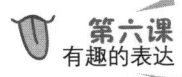

比喻排比句

比喻排比句在演讲中经常会用到,它会使你所要表达的内容更具体、更形象。例如,善良如一股清泉,滋润着人们的内心;善良如动听的歌谣,抚慰着受伤的心灵;善良如一盏明灯,驱散罪恶的灵魂。

比兴排比句

比兴排比句是一种由彼及此的表现手法,演讲者是先说其他事物,然后引出所要表达的事情。比兴排比句在演讲中也常用到,例如,小草,只有破土而出,才能享受阳光;河流,只有突破阻碍,才能融入大海;蚕蛹,只有破茧而出,才能展翅飞翔;雄鹰,只有突破风雨,才能搏击长空……人只有不断奋斗,才能创造辉煌。这里借助小草、河流、蚕蛹、雄鹰的兴起,自然而然地推出人要奋斗。

我来试试看

以某一事物为题,用排比的方式表现出来。

形象生动巧比喻

阶梯目标

通过运用比喻句来增添演讲的表现力,激发听众的兴趣。

陈春声在担任中山大学人文科学学院院长时就人文学科曾有一段这样的发言:

人文学科确实没什么用,它不能使你发财。但我们用一个家庭来比喻,一个家最有用的是厕所,其次是厨房,我们每天都要吃饭。家里最没用的东西,数来数去可以说是墙上挂的那幅齐白石画的虾。但家里有客人来了,你会带他去参观厨房和厕所吗?大家坐在客厅评头论足谈论得最起劲的,却是齐白石画的那只虾。人文学科就是那只虾。

在演讲过程中,会经常运用到比喻修辞手法。尤其是面对较为

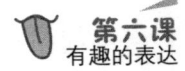

抽象的概念或深奥难懂的道理时，比喻的方式会使问题简单化。就如故事中陈院长所讲的"人文学科"，在多数人的印象里，这是非常模糊的概念，非三言两语能讲得清的。而泛泛之谈，会让听众更混乱。陈院长运用比喻手法，以日常生活中的常见事物来加以解析，化繁为简，让听众在短时间内理解了这一学科的概念。而且，语言风趣幽默，很吸引听众。

演讲是有时间限制的，当你要说明某个问题时，语言过于深奥而冗长，肯定会影响演讲效果。同学在面对这类型的演讲时，就可以运用比喻，使复杂的问题简单化，让听众有兴趣继续听。恰到好处的比喻，使演讲更加生动，达到事半功倍的效果。

喻体常见、易懂

本体与喻体应该有着相似点，但又属于不同类别的事物。喻体通常都是较为常见的事物，让听众一听就能明白。如果强拉在一起，会让听众觉得不伦不类。

比喻贴切

在演讲中运用比喻，要注意本体与喻体的关联性。高明的演讲者总能借助比喻来使演讲更生动形象，贴切的比喻给人以想象的空间。举个简单的例子，《水浒传》中，作者在刻画人物时，就常常会用到比喻，像林冲——豹子头；孙二娘——母夜叉等，不仅外形特征明显，人物性格也体现得淋漓尽致。因此，同学们运用比喻要牢牢抓住本体与喻体的相似点。

比喻独特

世间事物千千万，用来比喻的事物也有很多，但运用的人多

了,难免会有雷同。同学们在演讲中要避免这种情况的发生,否则听众就会对你的演讲失去兴趣。有人说:"第一个把花儿比做姑娘的是天才,第二个把花儿比做姑娘的是庸才,第三个把花儿比做姑娘的是蠢材。"比喻有演讲中的使用也是如此,独特的比喻会给听众耳目一新的感觉。

我来试试看

以某一事物为题,以独特的视角用比喻的方式来呈现。

5 明晰隽永懂对比

阶梯目标

通过运用对比的手法，让演讲所表达的内容更加形象、清晰，加深听众对演讲的印象。

在一场关于人性的演讲中，一位演讲者这样讲：

一位青年因情感受挫，想要跳楼，楼下围观群众指指点点。警察很快赶到了现场，消防员也准备好了安全气垫。青年情绪很激动，不允许警察接近，双方僵持不下。正在此时，楼下一位群众大声喊道："你倒是跳啊，磨磨蹭蹭的，快点，我还要回去打牌呢。"如此混账话竟还引来其他群众的叫好声。一时之间"跳啊""快跳啊"的声音此起彼伏。人为什么如此冷漠呢？打牌比人命还重要吗？相信在座的很多人都看过《泰坦尼克号》，客轮撞到冰山，即将沉没时，一位夫人将她的两个孩子抱上了救生艇，可是，因为超载，她不能上去。她绝望地痛哭。此时，救生艇上的一位女士站了起来,她缓缓走下去,将座位让给了这位夫人。她说:"孩子不能没有母亲。"没多久,船沉了,这位女士沉入了冰冷的海中,甚至没有人知道她的名字……

在演讲中,这位演讲者用鲜明的对比,阐述了关于"人性"的问题,使演讲更具感染力。演讲者的观点通过对比的方式能够全面地呈现出来,使形象更为突出,使事物本质深刻地留在听众心中。

同学在演讲中要恰当地运用对比手法,使观点更加鲜明,能更加直观地表达自己的观点。那么,同学在运用对比手法时,应注意些什么呢?

衬托表达对象

在演讲中,如果描述某种事物,可以用对比的手法,将两种事物或是一种事物的两种形态、状态列举出来。例如,冬天没有春天的万物复苏,没有夏天的生机盎然,没有秋天的硕果累累,但冬天是个纯洁的世界,银装素裹,梅花怒放,带给人无限遐想的季节。这样就会更加形象生动,使表达对象特征明显。

用环境对比

运用环境对比时,融入情感将更吸引人。通常在描述愉悦的心情时,会用明亮的色调。反之,会用阴郁的色调来传达悲伤心情。所以,在环境对比时,可以运用心情色调。例如,记忆与现实环境的描写。记忆中的环境是金黄的圆月镶嵌在湛蓝的天空中,站在葱郁的小山岗,放眼望去,是一片碧绿的葡萄藤……记忆中的环境透着和谐之美。而现实中的环境描述则是坐在回家的公汽上,发动机

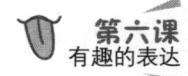

轰轰作响,透过窗户望去,天气阴沉浑浊……现实中的环境透着萧索之悲。

在进行环境对比时,抓住心情描写,借助心境传递某种信息,会达到事半功倍的效果。

我来试试看

观察某个人或某件事,然后用对比的方式将自己的观点表达出来。

目的明确会反问

阶梯目标

通过运用反问手法来达到强调思想或观点的目的，使演讲的表达效果更加强烈。

一位同学关于《活着，就不要停止奋斗》的演讲，在演讲即将结束时，这位同学放缓语速说道：

同学们对《士兵突击》这部电视剧都不陌生，犹记得，那段时间来学校，谈得都是"许三多""袁朗"……帅帅的军装、浓浓的战友情，有多少人为班长的离开、七连的解散暗暗掉眼泪？有多少人因为这部电视剧而想要成为一名军人？被里面鲜活的生命感动的同时，我想到了许三多说的一句话："好好活，就是做有意义的事，做有意义的事情，就是好好活。"生命的意义在于好好活着，可是，如果不付出，不创造，怎么会有回报？如果不追求，不奉献，生命怎么会有意义？

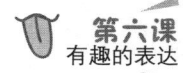
第六课 有趣的表达

这位演讲者运用了两个肯定式反问，传递的是否定的意思。就是不付出，不创造，就没有回报；不追求，不奉献，生命就没有意义。强烈的语气，使所表达的内容更加深刻，进而引起听众的注意。

在演讲中，经常会用反问句，正确运用反问句，可以给听众留下深刻的印象，增强语气，加大演讲的力度。同学在演讲中，要学会运用反问句来提高演讲水平。

肯定反问

肯定反问句的表达力度要比一般的肯定句大，有加重语气的作用。如一位学生家长感谢老师，说老师要五点钟去学校督促学生早自习，实在辛苦。老师感动不已，说："与学生的付出和辛苦相比，我们起早点儿，受点累，算得了什么呢？"用肯定反问句，表达否定的意思，要比直接说："起早点儿，受点累，不算什么。"效果要好很多。

否定反问

用否定反问语气表达肯定的意思，与一般的否定句相比，表现力更强，更吸引听众。例如，一些孩子在要求没得到满足时就撒泼打滚，甚至对父母拳脚相向，深入了解，难道我们的家长朋友们不应该认真反思吗？这段话运用否定反问句，强调让那些无底线溺爱孩子的家长认真反思。

特选反问

这种反问句是用反问的语气表达特定的内容，让听众选择其中一项或全部。这样的反问句参与性很高，给听众留的想象空间也很大，语言精练，所含意义却丰富，引人深省。例如，有的人只长身体，在中国五千年文化的熏陶下，文化竟没有成长，这是否就是文化侏儒症？特选反问的运用，让答案变得肯定，既强调了问题的重要性，又让人陷入深深的自省。

在演讲过程中，可以运用反问句来强调问题的重要性。通常运用反问句都是目的较为明确，将答案涵盖在了问句里，让听众自己往正确的方向思考，主动思考要比被动灌输效果好。除了上述反问句的运用技巧，还可以综合运用反问句，如先肯定反问，再否定反问，也可以连用反问。

我来试试看

将一句平淡无奇的陈述句改为反问句，听听效果，看两者有何不同。

扫码观看精彩视频

深奥道理，通俗表达

阶梯目标

深入浅出，用通俗的话语阐述深奥的道理，以此来提高听众的兴趣。

俞敏洪曾发表过这样一段演讲：

我们人的生活方式有两种：第一种方式是像草一样活着。你尽管活着，每年还在成长，但是你毕竟还是一棵草。你吸收雨露阳光，但是长不大，人们可以踩过你，但是人们不会因为你的痛苦而产生痛苦，也不会因为你被踩而来怜悯你，因为人们本身就没有看到你。所以我们每个人都应该像树一样成长。即使我们现在什么都不是，但只要你有树的种子，即使被人踩到泥土中间，你依然能够吸收泥土的养分，自己成长起来。当你长成参天大树后，从遥远的地方，人们就能看到你，走近你，你能给人一片绿色。活着是美丽的风景，死了依然是栋梁之材，活着死了都有用，这就是我们每一

个同学做人的标准和成长的标准……

俞敏洪的演讲通俗易懂,用最浅显的表达,阐述了深奥的道理。让同学们豁然开朗,有一种拨云见日的感觉。如果直接说,同学们做人与成长的标准就是做一个栋梁之才,这个道理很笼统,可是,以小草与大树来做说明,就容易懂了。

同学在演讲中,要阐述深奥的道理时,不妨用自己的理解,用最简单的话来表达,相信听众会很乐意听,也容易接受。如何在有限的时间里,将深奥的道理向听众表达清楚且被理解与接受?很多时候,道理讲起来是很简单的,但对方听不听得懂呢?尤其是深奥的道理,讲透更是不易,只有把握正确的方法,才能让听众在最短的时间内消化这些道理。

借用修辞手法

在演讲中常用的修辞手法有比喻、拟人、排比、借代等,运用这些修辞手法能使抽象深奥的道理简单化、形象化,让听众听着既舒服又明白,谈笑间就将问题解决了。当道理不好阐述时,不妨借用修辞手法,来为演讲增色。

大众语言的运用

不要小看老百姓的智慧,很多大道理通过老百姓的口说出来更加形象,不是有这样一句话吗,"话糙理不糙",虽然用词粗俗,但表达的道理却让人一下子就明白了。引用大众化的语言,可以将深奥的道理表达清楚。演讲者最担心的就是听众不懂自己的话,学会使用大众化语言,便可以避免这种情况的发生。邓小平同志的"白猫黑猫论"就很好地运用了大众化语言,即"不管黑猫白猫,能捉

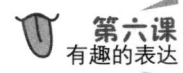

老鼠的就是好猫"。即便是目不识丁的普通老百姓也能听明白其中的意思。

用故事阐述道理

在阐述道理时，如果运用大量深奥的语言，听众肯定不会买账。如果你用一个故事来阐述深奥的道理，就更容易被听众所理解。听众会随着演讲者的讲述，一步步向前，在聆听故事的过程中，真切感受故事中人物的喜怒哀乐，进而领悟演讲者要表达的观点。

毕淑敏曾做过一个关于"别给人生留遗憾"的演讲，演讲内容从自身的故事讲起，然后从一个日本医生的故事讲到自己的感受及所见所闻，接着讲到了2008年的汶川地震。当她问孩子们幸福在哪里时，孩子们对她说："那么多人死了我们还活着，这就是幸福！"最后点题：趁着自己还年轻，还有愿望，去努力实现。即刻出发完成自己的愿望，让自己更少遗憾。

整篇演讲稿真挚感人，听者为之动容。大道理用浅显易懂且真实的故事作说明，更容易让听众接受，引起共鸣。

我来试试看

用口语化的语言阐述某个深奥的道理，说给同学听，观察对方的反应。

9 枯燥故事，生活叙述

阶梯目标

用生活化的语言将故事讲得绘声绘色，让原本枯燥的叙述充满生气，更易被人接受。

一位演讲者给学生们做法制演讲：

同学们：

你们好！很高兴可以站在这里与你们一起来学习法制知识。昨天，我看了同学们办的法制专栏，让我印象深刻。里面的故事、观点都真实反映了你们法律意识的觉悟。在这里，我给大家讲一个我曾亲眼所见，引人深思的故事。故事发生在去年，那是一个周末，四个初中生在六层楼高的天台玩闹，其中一名初中生失手将另一名初中生推下了天台，重重地摔在了地上，摔成了重伤。在这里，我给同学们出道思考题……听了同学们的回答，我很欣慰。的确，这是一种违法行为，违反了什么法呢？根据《刑法》……下面我们来

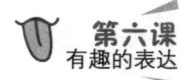

深入了解青少年犯罪居高不下的主要原因……

这是个枯燥且严肃的话题，讲不好，同学们会难以理解，达不到演讲效果。可是，这位演讲者用简单、真实的故事阐述了严肃的话题，让同学们不至于反感，也不会听不懂。

很多时候，演讲都是有特定主题的，而很多主题也是枯燥难懂的。如果演讲者不能用生动的表达吸引听众的注意力，那么这样的演讲就很难达到说服效果。

避免空洞

在叙述的过程中，身为演讲者要使叙述变得具体，避免空洞。有心理描写，加上语言的润色、环境的渲染，原本枯燥的叙述就变得生动了。

如这样一段话："我此次考试考得不错，我很高兴，可有些同学认为我作弊了，在我面前说了不少风凉话，虽然不开心，但更坚定了我努力学习的信心。"空泛的叙述没有任何吸引力，听众听后也没有多大感觉。可是，如果改成这样："期中考试成绩下来，我考了90分，内心无比激动，想要与认识的、不认识的人都分享我此刻的心情。迎面走出四五个同学，我笑着，踏着轻快的步伐走过去，准备迎接他们的祝贺，可是，却听了一些不和谐的声音：'看她得意扬扬的样子，真以为自己有多不了起，哼！''还不是抄别人的，真不知道她有什么好炫耀！'我脑子一片空白，即便艳阳高照，我还是觉得冷……"当语言与心理的描写更加具体时，听众就会产生共鸣，会感同身受，更容易被吸引。

精练再精练

在演讲中,最忌讳说太多无关紧要的话,拖拖拉拉,让人感觉不到语言的魅力。表达上过于累赘,演讲就会枯燥无味。例如,"作为班长,我也和你们一样,每天早早起床,洗脸、刷牙,就像惊弓之鸟一般。晚自习时,我也是安安静静坐着看书,也会有迷茫的时候。有时也会想,什么语法啊,词汇啊,怎么就那么生疏呢?历史中的朝代啊,事件啊怎么越背越乱呢?还有数学课、化学课……都是问题多多。"这一段话的表达繁杂无章,重复累赘,美感全无。在演讲中,要让听众听得舒心,就要把握语言的美感,用生活化的方式,加上语言的修饰,才能让枯燥变得生动。这段话可以改为:"作为班长,我也和你们一样,早上闹铃一响,就如惊弓之鸟;晚自习时会学着享受孤独。也会想,天哪,这些语法、词汇怎么那么生疏呢?那些唐宋元明清怎么那么多事儿?氢气上升、氧气下降都把我搞糊涂了……"换成这样的表达,就显得清晰简洁多了,也容易产生代入感,吸引听众。

锤炼语言

演讲的语言非常重要,如果过于刻板、平庸,听众就不会产生兴趣,那演讲就达不到应有的效果。同学在演讲过程中,要注意锤炼语言,让每一个字、每一句话都能为你的演讲服务。

例如,"我们班上共有45人,男生27人,女生18人,男生与女生之间隔着一段长长的距离……"这段话如统计数据般刻板、乏味,听众也会兴致缺缺。如果改成:"我们班上共有45人,其中27名谦谦君子,18名窈窕淑女。在这两个数据之间,有一条无形的,名为'三八线'的鸿沟……"修改之后,原本呆板的叙述就变得风趣、鲜活了。

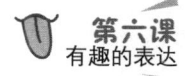

我来试试看

　　将一段平淡无奇的句子，用简练、生活化的方式表述出来。

有些话可以反着说

阶梯目标

通过正话反说的方式，反其道而行，营造出别具一格的氛围，让演讲产生出人意料的幽默效果。

某位演讲者在做一场关于《吸烟有害健康》的演讲，中途他说了这样一段话：

说到吸烟，我想到了一则宣传戒烟的广告，广告是这样说的。吸烟有三大好处：一、防盗。为什么说防盗呢？吸烟者患气管炎者居多，整夜咳嗽不止，小偷以为主人还没休息，就不敢擅闯了。二、防蚊虫。吞云吐雾，蚊虫都会受不了，当然会远远避开。三、节省布料。吸烟者精神不济，身体驼背萎缩，非常省布料……

演讲者说完这些，台下笑声过后，是听众深深的反思。

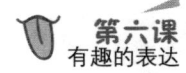

演讲者明着说的是好处，实则说的都是吸烟的害处，正话反说，风趣幽默，比直接说"吸烟有害健康"效果要好。正话反说往往带给听众不一样的幽默表达，使听众更容易接受。

明褒暗贬

"你真聪明，这么缺德的办法都想得出来！"

这句话看似在表扬你"聪明"，实则是在贬低你的办法不道德，是不可行的。明褒暗贬的表达会让语言更生动。在演讲中，难免会讲道理，很多时候正面讲很难起到应有的效果，甚至会适得其反。另辟蹊径，或许会有意想不到的收获。

诱其深入

在演讲中，同学要学会调动听众的积极性，让其参与到演讲中。在这里可以采取诱其深入的方法，一开始就抓住听众的注意力，逐渐深入，最后让听众有恍然大悟的感觉。如下面这段话：

你们来到这个演讲培训基地，乃你们人生最大的不幸。（听到这样的话，很多学员眉头紧皱，想要寻求答案。）来到这里，你们要面对很多以前不曾接触到的东西，这是何其不幸。不来这里，你们可以轻松地享受假期，而来到这里，你们将面对来自各方的训练，何其不幸。不来这里，你们是家里的小皇帝、小公主，而来到这里，你们只是一个普普通通的学员，何其不幸。不来这里，你们可以不用面对当众讲话的尴尬，而来到这里，你们每天都要面对不同的人表达自己的思想，何其不幸……

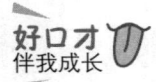

这一连串的不幸,看似吓唬学员,实则激励他们,让学员们体会到了自己即将面临的处境,要想学好,必须摒弃在家时的优越感,投入学习,才能有收获。

欲扬先抑

在演讲中,难免会涉及人物的描写,就演讲者而言,如何将人物刻画得生动形象,是一件较难的事。大多数的演讲者都是采取固定的模式,如从人物的语言、行为等入手,可是,同一种方法用得人多了,便不能吸引人。如果换一种表达方式,便能使人物更鲜活。如下面这段话:

都说老师是辛勤的园丁,可我们却饱受班主任的"摧残"。他不准我们把课本以外的书带入教室,听着其他班同学们大声谈论昨晚看的电视剧,我们也只有羡慕的份儿,因为班主任会无孔不入地盯着我们。听闻哪两个同学苗头不对,他会及时将其扼杀在"摇篮"里,还一本正经地说:"等你们的能力足以支撑你的未来时,再来谈'情',谈'爱'。"有同学生病想请病假,他会"无情"地说:"只要不是动手术,能走就要来上课,年纪轻轻的这点小病就扛不过。"这两年,在班主任的压迫下,我们稳坐年级第一,但我们实在想听听老师的表扬。

很多歌颂教师的演讲,说教师如何如何辛苦,如何如何为学生着想,大多数人在面对这种题材时,总会下意识想去赞美,那样就没有新意了。此篇演讲,演讲者从班主任的"摧残"入手,讲了班主任的诸多"不是",抱怨之余,难道不是赞美班主任吗?

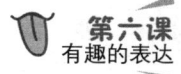

我来试试看

写一篇演讲稿,运用正话反说的表达方式。或者在与同学们日常交流时,正话反说,看同学的反应。

你将在本课中学到
- 肢体语言的重要性
- 如何运用肢体语言传递信息
- 肢体语言表达的要点

第七课
用肢体说话

关键词： 眼神　微笑　手势　坐姿　站姿

扫码观看精彩视频

1 肢体动作也是一种语言

阶梯目标

通过肢体动作来增加演讲的视觉效果,让演讲所表达的内容更有信服力,带动听众做出积极反应。

只要乔布斯站在舞台上,全场的焦点就会被他吸引。产品在他条理清晰的介绍下,总能让人们一下子抓住重点。每一次的产品发布会,乔布斯都会贡献一场精彩绝伦的演讲。除了演讲稿的处理,富有节奏的语言技巧让人钦佩,肢体语言所透露的权威性也让人深深折服。

产品发布会上,乔布斯穿着他惯有衣着搭配——黑上衣、牛仔裤,面带笑容,大步走上发布台。乔布斯的声音缓缓响起,步伐随着演讲内容随意移动,他的手几乎没有放下来过,他习惯用肢体动作强调演讲内容。乔布斯的目光很少长时间离开听众,目光交流,让他的演讲更畅通……

毫无疑问，乔布斯是一位演讲高手。在乔布斯的演讲中，很少会看到他双臂抱肘和双手交叉于胸前的动作，他总是从容的，使用开放式姿势。在演讲中，加入恰当的肢体语言，会增加演讲的力度。而且，肢体语言也可以表现出一个人的气质、气势及气韵，这些在演讲中极为重要，很大程度上影响着听众的判断。

　　同学在演讲中，如果愣愣地站在台上，如士兵出列一样，会给人一种死板、不自在的感觉。不过，在演讲时手舞足蹈也是不可取的，会让听众眼花缭乱，很难将精力集中在你的演讲内容上。同学在使用肢体动作时，要把握一定的技巧，才能让其发挥应有的作用。

动作自然流畅

　　为了做动作而做动作，那就显得做作了，动作过于刻意就会起到反效果。例如，一位演讲者在讲完一句话时，突然想到在排练时这里要有一个动作，于是刻意补上去。这其实对演讲无益。

　　在体态语言的运用上，动作要自然流畅，有美感。听众除了想从演讲中获取信息，也是在感受精彩的表演。动作自然优美、恰到好处，就会给听众美的享受。对于同学来说，要想让动作更自然，刚开始的时候模仿是最好的方法，学习其他演讲者优美潇洒的动作，慢慢在摸索中形成自己的风格。当然，刚开始时会有些别扭、不自然，久而久之就会习惯了。

动作的协调性

　　一些刚刚接触演讲的同学，或许因为紧张，在使用肢体动作时，偶尔会跟不上语言的节奏。有些紧张过度的，甚至会出现同手同脚的现象。肢体动作不仅要与身体保持协调，还要和语言、情感

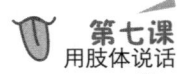

的表达一致。动作不是单一进行的，举手投足间都要与声音、体态相配合，没有动作的演讲只能称为讲话。肢体动作与语言的表达应该是同步的，否则就会让听众觉得很滑稽。如话已经说出去了，动作却慢了一步，这些都会让演讲效果大打折扣。同学们要做的就是多练习，在平时可以做一些芭蕾舞手位的训练，对于提升动作协调性很有帮助。

去繁从简

有些同学听说演讲加些肢体动作会更好，于是为自己设计很多不必要的动作，结果却给听众画蛇添足的感觉。虽然不能像木头一样站在台上演讲，但肢体动作也不是越多越好，不然就会喧宾夺主。肢体动作要与演讲主题相符，拿柴静的演讲来说，她使用的肢体语言很少，却总能震撼人心。在《穹顶之下》的演讲中，她谈到怀孕时，转身看B超照，脸上是温柔的笑；在谈女儿的出生时，她低着头说"但是……"眼神中隐含泪光，在台上缓缓走了几步……在接下来的演讲中，柴静的肢体语言依然不多，但时不时地流露出微笑，听到不可思议的调查结果也会惊讶，讲到某件案例也会眼神坚定……这些肢体语言使她与听众之间始终保持着默默的交流。

面部语言

在演讲中，一个人的面部表情可以传达很多信息。如果你给听众的感觉很紧张或是不悦，那留下的印象自然不好。反之，让自己看起来是镇静的，蕴含感情的，那么，听众就会被你所感染，更容易认可你的观点。面无表情、机械式的演讲是很难让听众投入精力的。同学在平时可以用录像的方法练习自己的面部表情，不管是严肃的、喜悦的、惊讶的……面部表情的丰富，会让演讲更生动。

因人而异

同样一个动作不一定适合每一位演讲者,它所体现的是一个人的气质与涵养。演讲者可以根据自身条件来选符合自己身份的肢体动作。例如,男性一般选择刚劲有力,外向的动作;女性一般选择细腻优雅,内向的动作。作为同学,肢体动作的幅度可以相对较大:个子较为矮的演讲者可以选择高举过肩的手势;个子较高的演讲者,则选择平直横向的动作。肢体动作并没有固定的要求,过于追求模式化的动作,会让自己变得毫无特色。要学会在摸索中前行,形成自己的风格。而且演讲主题与听众的不同,也决定了肢体动作的运用效果。

我来试试看

在与同学进行交流时,结合自己想要表达的意思,适时加入一些肢体动作。

必不可少的眼神交流

阶梯目标

通过眼神交流来吸引听众的注意力,让听众感受到自己的自信、真诚、友善,在最短的时间内与听众建立良好的关系。

陈昕作为计算机系的高才生,本周末要做一次演讲。演讲稿已准备好,他也在室友面前排练了好几遍,还刻意搜了一些优秀演讲者的演讲视频。他发现,这些演讲者都特别注重与听众的眼神交流,于是,特别练习了一下自己的眼神,并又熟悉了演讲稿,将需要眼神处理的地方牢记于心。

演讲开始,陈昕带着自信,大步走上讲台。在讲台上站定,陈昕并没有急着开口,他面带微笑,将目光投向了台下的听众,从左至右,再回到中间。此时,原本骚动的听众都抬头看着陈昕,慢慢安静了下来。陈昕开口讲话了,在演讲过程中,陈昕没有回避听众

的眼神，即便在播放幻灯片时，他也没有背对观众读上面的注释，有时会回头看一下，但很快就会将眼神转向听众。或许被陈昕的眼神所触动，竟没有人开小差，每个人都很认真地在听演讲。

目光可以传递很多信息，爱默生说："人用眼睛会话时，其优点几乎与舌头完全一样，眼睛的语言无须借助字典，全世界都能理解这种语言。"作为演讲者，如果连自己的听众都不敢面对，留给听众的是你的下巴或后脑勺，那么，即便演讲内容再精彩，也无法达到预期的效果。不可否认，PPT 的出现，让一些演讲者松了一口气，因为可以借此躲避听众的目光。PPT 一出现便转身逐字逐句地念，眼神长时间离开听众，难免给听众留下"目中无人"的感觉。

当你的目光不在听众身上时，听众的目光就会被其他事物所吸引，如手机、聊天。同学在演讲中不仅要学会用嘴巴说话，还要学会用眼神交流。掌握必要的眼神交流技巧，就会牢牢抓住听众的注意力。

有针对性的注视

有针对性的注视不仅是对认真的听众予以赞赏与感谢，更重要的是对窃窃私语的听众无声的规劝，具有一定的震慑力。使用这种方法，需要把握好度，长时间的注视，会让听众不舒服，觉得你是有意针对，会影响演讲效果。通常注视时间控制在 3~5 秒。

环视全场

环视全场有助于演讲者把控全场，使听众有被尊重的感觉。有节奏的环视全场，不要忽略任何一个角落。头部摆动的幅度要掌握好，不宜过大，不要像照射灯一样胡乱摆动。眼珠转动不宜过快，

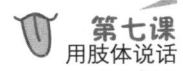

否则就会让听众感觉你眼神飘忽不定,有滑稽之感。眼神与脸的方向要一致,斜视或不经意的眼神一瞟,都会让听众觉得你有某种偏见,容易引起误会。

短暂闭眼

在演讲中,闭目有其特殊意义。通常情况下,人每分钟眨眼5~8次,眨眼超过一秒即为闭目。同学在演讲中正确运用闭目,会达到不错的效果。例如,在怀念某人、某物或某个瞬间时,传递某种特殊情感时……都可以暂时闭目,会使情感传递更真切、更深刻。

似看非看

一位优秀的演讲者会很好地运用自己的眼神,如似看非看。感觉像是在看某个人或某个地方,但细看下来却没有目标,又不会让听众觉得没礼貌。这种方法对于刚刚接触演讲的人尤为有效,既可以缓解紧张感,又可以让听众感到受尊重。

我来试试看

对着镜子展现自己疑问、肯定、困惑、坚毅的眼神,在与同学或朋友交流时,结合所要表达的意思运用相关眼神。

让手势协助你表达

阶梯目标

借助手势来吸引听众的注意力，使演讲更有力度。

乔布斯的演讲魅力无限，甚至有很多人购买 iPhone，原因并不在于 iPhone 的功能，而是被乔布斯所吸引。每一次关于产品的介绍，乔布斯的热情都让人无法拒绝。在舞台上，他就是一个发光体，吸引着听众跟着他的思路走。乔布斯的演讲能如此受欢迎，除了语言，他的手势也透露出了一种能量与自信，体现了其作为领袖的风采。

与其他演讲者相比，乔布斯对手势的运用则更加频繁，他每说一句话都会有手势强调，这也让他的演讲更加生动。两手向外打开，肘部收拢在身体两侧，这是乔布斯惯用的手势，这使双手的动作更加清晰、明确。听觉与视觉效果并存，这使乔布斯的每次演讲都能获得无数掌声。

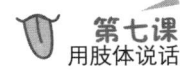

乔布斯的演讲手势俨然成为他特有的表达方式。叶·米·雅罗斯拉夫斯基说:"演讲者的手势自然是用来补充说明演讲者的观点、情感与感受的。"在演讲中,当传递某个思想或某种情感时,加入手势,表达则更生动,更容易给听众留下深刻的印象。

一位优秀的演讲者懂得如何运用手势来让自己的演讲更有感染力,手指、手掌、手臂、拳头,这些动作变化都是体态语言的一部分。在演讲过程中,手势的恰当运用可以在一定程度上补充语言的不足,让听众更容易理解你所说的内容,增强口语语势。

同学演讲时,对于手放哪里很是头疼。很多同学在演讲时,会因为紧张而手足无措,要么死死抓着讲台,给人一种呆板的感觉;要么乱动一气,开场到结尾,一直手舞足蹈,给人眼花缭乱之感,这会让听众心生厌烦。要想有所改变,同学只要掌握手势运用的技巧,便能使自己的演讲更精彩。

手势传递情感

手势可以传递一个人的思想情感,加入手势,可以使情感传递得更加具体。如高兴时拍手;生气时挥拳;赞同时鼓掌;无奈时抚额等。一些成功的演讲者在表达内心情感时会借助表情性的手势,给听众留下深刻的印象。如想要结束听众的鼓掌,一些演讲者就会双手举过肩,手心向外摇摆,这表达的是一种礼貌性的谢意。

手势意有所指

在演讲中,手势可以表示具体的内容或特定的含义,并不是毫无意义的。例如,摇手表示反对;演讲中列举或归纳1、2、3、4,就可以边讲边举起手指一个一个数。

象形手势

演讲中难免会提到一些事物或表示某种形态,此时,就可以用手势描摹出来。例如,形容某事物很大,可以双手合成大圆;形容一点点时,可以拇指与食指描述出来。象形手势可以使表达内容更加形象,很容易让听众理解。

向导手势

向导手势的运用是对人的一种尊重,恰当使用,会给对方留下不错的印象。青少年在日常生活中,当遇到说"上面""这边"等这些词时,可以加入向导手势,表达则更加清晰。青少年在使用向导手势时要注意,动作自然、不做作,且干脆利落,在话音落下之前,手势也随之收回。

在人际交往中,向导手势也经常被用到。举个简单的例子:某商场,女子进入一家店,营业员马上迎上来,面带微笑询问了一些基本问题后,就说:"这边都是刚刚上架的新品,跟您的气质很配,您可以看一下。"边说边一手背后一手手心朝上指引女子走向新品摆放的位置。在之后的交流中,营业员成功卖出了产品。营业员的成功与其口才有很大的关系,但不可否认,她的向导手势也起到了作用。如果女子进店,营业员自顾走到新品货架,才对女子说:"这就是我们的新品。"作为顾客心里肯定不舒服,即便交易成功,印象却不太好。

向导手势可以在一定程度上吸引听众的注意力,使听众的注意力跟随着自己所要表达的内容,强化内容的焦点,带动现场气氛。如某演讲者在介绍幻灯片上的内容时说:"这是我去年在××地所拍摄到的……"说这句话的同时,他的右手举起,手心朝上,微微

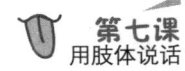

过肩，指向身侧的幻灯片。听众的目光随着他的指向也落在了幻灯片中的照片上。

我来试试看

找一篇演讲稿，在家里对着镜子演练，并加入一些手势。

站有站姿，坐有坐姿

阶梯目标

掌握演讲中正确的站姿和坐姿，通过优雅、大方的站姿、坐姿，向听众呈现最好的自己。

小林参加了学校的演讲比赛，演讲稿几经修改，终于获得了老师及同学们的肯定。在练习的过程中，他发现了自己的一个毛病：本来站得好好的，可是，随着演讲的深入，他的站姿就会变得松散，看上去很没精神。为此，老师也给予了小林一些意见。因此，每次小林在熟悉演讲稿的时候，都不断提醒自己，保持站姿。

比赛时间到了，轮到小林上台了，他抬头挺胸，迈着自信的步伐走上了讲台，双脚与肩同宽，重心在右脚，背挺得直直的，却不显僵硬。一手拿话筒，一手自然下垂。演讲开始了，小林响亮的声音回荡在会堂里，私下的练习没有白费，演讲接近尾声，期间也因演讲需求，小林有些手势及小幅度的移步，但站姿一直给人一种

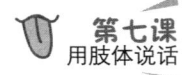

"站如松"的感觉。小林的演讲赢得了热烈的掌声。

演讲者在演讲中的姿势直接影响着演讲效果。有这样一句话："站如松,坐如钟,行如风。"演讲中,站姿挺立会给人一种积极自信的感觉。试想,一个站着左右摇摆、含胸驼背的演讲者如何给听众留下好印象?综观那些成功的演讲者,即便没有高大的形象,也给人一种挺拔的感觉。一个人最重要的就是精气神,当你的站姿、坐姿不够雅观时,就给人一种颓废的感觉。

其实,不单单是在演讲中,即便是日常生活中,站姿、坐姿都代表了一个人的修养,也是一个人最基本的礼仪。站在台上,你的一举一动都代表了自己的形象,害怕得双腿发抖、坐立难安,不仅失了风度,也会让听众感到失望。同学在日常生活中也要注意自己站姿、坐姿的培养。

站姿培养

站立时要给人以松树的挺拔之感,保证"三平""三直""两拔"。"三平"指的是头平、眼平、肩平;"三直"指的是腰直、腿直、背直;"两拔"指的是重心上拔、身体挺拔。一般在演讲中有两种站姿:一种是丁字步,身体微微前倾;另一种就是较为自然的站姿,双脚与肩同宽。站直立稳,将重心放在脚上。当然,在演讲中,并不是从头到尾保持着一种站姿,这样会给人拘谨、呆板的感觉。在演讲中,站姿可以有所变化,但要保证身体直立,注意体态美。

同学们在平时可以多加强这方面的训练。如每天靠墙站,后脑、肩、臀、脚后跟贴墙。再如,头上放本书,端端正正走路,不让书本掉下来。

坐姿培养

端正挺直的坐姿让人觉得大方、有精神。如果靠着椅背,跷着二郎腿,还不停地抖脚,会给人留下极为不好的印象。"坐"要保证起坐轻,头与肩平,上身保持挺直。女子落座后双腿并拢,如穿裙子需适当整理;男子双腿可稍分开,双手自然放在腿上或桌子上。平时多训练落座与起身的动作,对着镜子练习自己的姿势,看是否有不协调或不美观的地方,加以改之。

我们每天或站或坐,这些都是再平常不过的事,却体现了一个人的人格魅力。如有不足,多加练习,终有一天,会呈现出最好的自己。

我来试试看

在班会中争取一次上台演讲,用正确的站姿向同学们表达你的观点。

5 适时给予听众微笑

阶梯目标

明白微笑在演讲过程中的作用,掌握适时微笑的方法。

2014年,美国斯坦福大学的毕业典礼上出现了比尔·盖茨夫妇的身影。夫妇二人站在毕业演讲台上,台下掌声一片。他们面带微笑望向台下,掌声停止。比尔·盖茨说:"祝贺2014届的毕业生们!"台下又是掌声一片。"能来到这里,我和梅琳达感到非常高兴。对于任何人来讲,可以受邀来到斯坦福大学做毕业演讲,那都是一件令人兴奋的事,我们更是如此……"中途,比尔·盖茨的夫人插入了一段话,让现场气氛更加活跃,笑声、掌声一片。她说:"很多人用'书呆子'来形容你们,听说你们挺享受这个称呼的。"比尔·盖茨接着夫人的话,面带微笑地说:"我们也非常喜欢。"然后取下了自己的眼镜,戴上了象征"书呆子"的眼镜,台下掌声雷动。当他换下眼镜时，笑着调侃："这和我平时用的眼镜相比，也没什么不同……"引得台下笑声一片。

比尔·盖茨在演讲时善于运用微笑，尤其当他注视台下时，嘴角总是上扬，和善的面容让你忘记了他是世界首富，只是一位亲切的长者。

在准备演讲时，很多人注重演讲稿的内容，细心打理自己的衣着配饰，上台前还不放心地检查一下自己的头发是否乱了，领带是否歪了……却没有意识到自己的面部表情。如果带着僵硬的表情走上台，面对台下听众，就瞬间拉开了与听众的距离。换位思考，如果你是听众，看到演讲者面若冰霜，讲话时怒目相对，你还愿意听吗？会被他的话所吸引吗？

同学要学会适时给予听众微笑，以此来拉近与听众的距离。不要吝啬自己的微笑。看到你亲切的微笑，听众也会给你善意的回应。学会如何微笑，展示你的微笑，就好比拥有了打开听众心灵的钥匙。

用眼睛微笑

微笑不是随意扯下嘴角就了事了，皮笑肉不笑，只会让听众觉得你虚伪，只是为了想从他们身上得到某种利益才不得不"笑脸相迎"。真正的微笑是一种自信的表现。学习用眼睛微笑，则会更传神，显得更亲切。可以训练用眼睛微笑，拿一张纸遮住眼睛以下部位，然后对着镜子想令你高兴的事，露出最自然的微笑，眼睛周边也会处在微笑状态。

语言带动微笑

演讲中在讲到某个笑话或是调侃某件事时，可以适时加入微

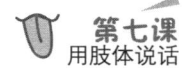

笑,在表达赞美时也可以微笑。一个人一本正经地讲一个笑话,会让听众有不协调的感觉。在语言的表述中,光说不笑或是光笑不说,都会影响演讲效果。微笑要懂得收放自如,从头到尾保持微笑,就会给听众很假的感觉,尤其是不该笑的时候千万不能笑,适时微笑,效果会更好。

注意场合

面对严肃的话题,微笑显然是不合时宜的。但无论何种主题的演讲,上台与下台的时候保持微笑,都可以给听众留下好印象。

我来试试看

在与他人聊天的过程中,适时展现自己的微笑,体会对方的反应。

你将在本课中学到
- 故事在演讲中的作用
- 如何选取故事素材
- 讲述故事的方法

讲好故事不简单 —— 第八课 ——

关键词： 故事素材　讲述故事　分析故事　细节

扫码观看精彩视频

1 有故事的演讲才动人

阶梯目标

通过讲故事来让演讲丰满、动人，让演讲更有说服力。

没有人喜欢长篇大论的说教，在演讲中，听众希望站在台上的是个有故事的人，枯燥乏味的阐述对他们来讲没有多大吸引力，甚至会让他们昏昏欲睡。要避免这种情况，你就要成为一个会讲故事的人。一个精彩的故事胜过千言万语的说教。

万通董事长冯仑有过这样一次演讲：

什么是理想？我后来才发现，当我遇到困难的时候，理想是一个GPS（导航仪），是生活当中的导航。这是我在七年前突然明白的。

当时我和王石一起，从西安开车到新疆乌鲁木齐。在戈壁滩上，车突然坏了。手机在那个地方没有信号。戈壁滩的地面，全部是鹅卵石，温度高得几乎能把轮胎烤化。我们没有办法跟任何人联系，我们越来越恐惧，甚至开始焦躁。

这时候司机下了车，他不断地转，不断地往地下看。他在看什么？他在找车辙。司机终于发现了一条新车辙，我们齐力把车横在车辙上面。然后司机说："剩下的事情，只能等待，不要有任何奢望。"

然后我们开始等待。一个小时后，有一辆特别大的货车在我们面前停下来。我们的司机写了一个电话号码，请货车司机出戈壁滩后打电话找人来救我们。

大货车开走后，我们在车上开始嘀咕："这事靠谱吗？人家会帮忙打这个电话吗？"我们的司机说了一句话："在没有方向的地方，生命是唯一的选择的时候，信任是最宝贵的。"结果我们又等了一个多小时，救我们的人果然来了。

这件事发生后，我一直在思考一个问题：到底什么时候最恐惧？既不是没有钱的时候，也不是没有水的时候，更不是没有车的时候。最恐惧的时候，实际上是没有方向的时候。有了方向，其实所有的困难都不是困难。我总琢磨，理想这件事情，就相当于在戈壁滩上突然找到了方向……

关于理想的话题，已经是老生常谈了，可是冯仑却从另一个角度去讲述理想。用自己的亲身经历、感悟去理解"理想"。加入故事，让听众更能理解他的内心世界，知道他要表达的真正意图。

同学在面对演讲时，总是不太明白如何表达自己的观点。当你围绕一个主题，不知如何展开时，讲故事是个很好的方法。例如，你让大家不要吸烟，说吸烟有害健康，可是，听众却不知道吸烟会

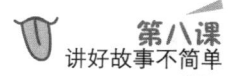
第八课
讲好故事不简单

给身体造成怎样的危害，你的说服力就会大大减小。此时，如果有个具体的案例，说服力就会大大增加。当你确定了演讲题目，自然而然就会去寻找与题目相关的人或是听众感兴趣的东西，这样才能抓住听众的心。

演讲的类型有很多，不管是哪一种，只有吸引人才算是成功的演讲。例如，我们看的《百家讲坛》就是将历史故事化。大多数人演讲失败，就是因为不会讲故事。精彩的演讲都离不开故事的烘托，故事的画面感是演讲者爱用故事的原因，而且，讲故事不会出现忘词的现象。

演讲并不是简单的讲故事，这需要有明确的目的，同学只要把握讲故事的技巧，就可以让你的演讲更生动，说服力更强。

讲自己的故事

通常情况下自己的故事更有感染力、说服力，因为是自己经历过的，所以不需要背稿，在讲的时候也更加自然。我们看到一些优秀的演讲者，在演讲过程中，常常把自己经历过的事情讲给听众，会起到与众不同的效果。同学在演讲时也可以讲一些自己的所见所闻，相信听众会更乐意听。

讲别人的故事

我们的身边时时刻刻都会发生一些事情，或大或小。这就需要你有一双善于发现的眼睛和一种较强的逻辑思维能力，将这些看似不起眼的事情与大道理联系起来，成就精彩绝伦的演讲。对于同学来讲，自身的经历还不够丰富，所以自身故事性并不强，这就需要用别人的故事，用那些发生在自己身边的故事。别人的故事，只要是真实的，同样可以吸引人。

讲名人的故事

名人的故事有更大的说服力，如讲成功，可以用比尔·盖茨、李嘉诚、王健林等。很多时候，这些名人对于我们而言都是既熟悉又陌生的，他们的故事永远都不乏吸引力。当然对于名人故事在选择时还需谨慎，老掉牙的故事听众是不会感兴趣的。

讲哲理性小故事

哲理性的小故事通常能给人以启迪，里面蕴含的深意会对听众起到说服作用。而且，哲理小故事的趣味性使演讲不至于太枯燥。这里需要注意的是，讲完故事后，一定要点题，说明我们从这个故事中得到了什么，这样故事才会变得有意义。

我来试试看

以一则故事延伸出一个主题，在熟识的人面前演讲，观察对方是否被你的故事所吸引。

扫码观看精彩视频

演讲如何选故事

阶梯目标

学会如何在演讲中选择合适的故事，明白故事与演讲之间的关系。

白岩松关于《人格是最高的学位》的演讲：

很多很多年前，有一位学大提琴的年轻人去向本世纪最伟大的大提琴家卡萨尔斯讨教："我怎样才能成为一名优秀的大提琴家？"

卡萨尔斯面对雄心勃勃的年轻人，意味深长地回答："先成为优秀而大写的人，然后成为一名优秀和大写的音乐人，再后就会成为一名优秀的大提琴家。"

听到这个故事的时候我还年少，老人回答时所透露出的含义我还理解不多，然而随着采访中接触的人越来越多，这个回答就在我脑海中越印越深。

在采访北大教授季羡林的时候，我听到一个关于他的真实故事。有一个秋天，北大新学期开始了，一个外地来的学子背着大包小包走进了校园，实在太累了，就把包放在路边。这时正好一位老人走来，年轻学子就拜托老人替自己看一下包，而自己则轻装去办入学手续。老人爽快地答应。近一个小时过去，学子归来，老人还在尽职尽责地看守。谢过老人，两人分别！

几日后是北大的开学典礼，这位年轻的学子惊讶地发现，主席台上就座的北大副校长季羡林正是那一天替自己看行李的老人。

我不知道这位学子当时是一种怎样的心情，但我在听过这个故事之后却强烈地感觉到：人格才是最高的学位。

……

白岩松以深沉的语调娓娓道来几个动人的故事，朴实却铿锵有力。每个故事都起到点题的作用，从故事中体会到故事主人翁的人格魅力，比厉声说教要有效得多。一篇说理的演讲稿，通过演讲者真挚的情感表达出来，更容易感染人。

其实，不仅仅是小孩子喜欢听故事，大人也乐于听。演讲中穿插符合主题的精彩故事，会让演讲更生动、形象。那么，问题来了，怎么选故事呢？的确，不是随随便便一个故事就能用在演讲中的。故事性不强，不够精彩，或是与主题不符，听众是不会买账的。同学要学会选故事，掌握选故事的技巧，才能让演讲更好听也更耐听。

抓住典型，感染听众

所选择的故事一定要贴合主题，具有广泛的代表性，这样才能抓住听众的心，增加演讲的力度。

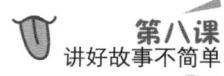

故事新颖,引人入胜

我们生活的世界,每天都有故事发生,既有自己的,也有他人的。在千千万万个故事中选择一个适合自己演讲的,虽难却意义重大。故事更新快,同学在选择故事时,一定要避免让听众产生"这故事我早听过了"的感觉。选择新颖的故事,就会给听众眼前一亮的感觉。同学要善于利用一切资源获取故事题材,为你的演讲增加故事性。当然,也可以对旧材料灵活运用,换句话说,就是以独特的视角分析旧材料,从中提炼新的内容。例如,"画蛇添足"的故事原本比喻做了多余的事情,徒劳无功;有人却从"创新"的角度对这个故事做出了一种全新的解释——那个给蛇画上脚的人没有被寻常的思维束缚住,创造了一种新的事物,值得赞赏。

故事真实,态度真诚

很多时候,故事会产生惊人的影响力,一些演讲者为了达到自己想要的结果会夸大故事的真实性。这其实是不可取的,很容易让自己陷入不利的境地。尤其是公众演讲,只要有一个人发现不对,你就会面临被揭穿的危险。对于同学而言,真实的故事、独特的视角更容易吸引听众,也更能触动人的心弦,可以使故事彰显出动人的色彩。

我来试试看

选择一个大家耳熟能详的故事,从不同视角出发,展示故事的不同寓意。

演讲中故事如何讲述

阶梯目标

掌握在演讲中讲故事的方法，让故事真正为演讲服务。利用故事的真实性、戏剧性，来增加演讲的吸引力。

下面是柴静《穹顶之下》的演讲词：

这是 2013 年 1 月北京的 PM2.5 曲线，一个月连续 25 天雾霾。我当时在北京，但我这一年里反复看这条曲线的时候，想回忆当时有什么印象、什么感觉，却记不起来了。因为当时大家都说好像这场雾霾是偶然的气象原因导致的，就没当回事。

那个月里头我还去了四个地方出差，河南、陕西、江西、浙江，回头看镜头里的天，当时的中国正被卷入一场覆盖了 25 个省市和 6 亿人的大雾霾。但我置身其中，浑然不觉，只有我的嗓子有印象，在西安那天晚上咳的睡不着觉，我就切了一只柠檬放在枕头边上。回到北京之后，我知道我怀孕了，这是我第一次见到

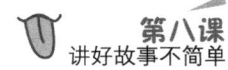
第八课
讲好故事不简单

她的样子。那时候我就觉得她应该是小女孩,因为我觉得她像个童花头。听到她的心跳的那一瞬间,我对她没有任何期望,健康就好。

但是,她被诊断为良性肿瘤,在出生之后就要接受手术……我是一个非常幸运的人,后来我辞职,陪伴她、照顾她,只要一家人在一起平安就好、健康就好。

但是回家的路上,我就已经开始感到害怕了,空气中全是烟熏火燎的味,我就拿一个手绢捂在她鼻子上。这样做很蠢,因为她会挣扎,就会呼吸得更多。以前我从来没有对污染感到过害怕,去哪儿我都没戴过口罩,现在有个生命抱在你怀里,她呼吸、她吃、她喝都要由你来负责,你才会感到害怕。(2013年底)那场雾霾持续了差不多两个月,它让我意识到这件事情不是偶然发生,也不可能很快过去……

柴静的这番演说在当时引起了不小的轰动,不仅是因为关注的话题,还有她超强的演说功力。柴静的演讲用了大量的故事,既有自己的故事,也有别人的故事,每当她想说明一个问题时,就会讲一个故事,为自己的观点提供佐证,以此来触动听众。在语言表达上,柴静的魅力也是毋庸置疑的。在讲故事时,她并没有用过于华丽的辞藻和专业术语,而是利用对话,还有语调的调整来引领听众进入故事情节中,让人觉得真实。

或许你会说柴静是主持人出身,对于语言的掌握、情感的把控要比一般人强很多。的确如此。不过,同学在讲故事时,如果掌握一定的表达技巧,便能在演讲中游刃有余。

简洁准确

同学在讲故事时,最忌为了所谓的让演讲更丰满而将原本简单的故事复杂化。优秀的演讲者在描绘一件事、一个人时通常都是简简单单几句话,语言简洁,准确到位,从不拖泥带水。

把握好节奏

讲故事并非生硬的叙述。试想,一个同学规规矩矩站在演讲台上,背诵着事先准备好的故事,整个过程没有起伏,没有悬念,谁会愿意听?在讲故事的时候,要根据故事情节,语速该快的时候快,该慢的时候慢。当强调某句话时可以使用停顿的方法,恰到好处地将话说出来,才能吸引听众的注意力。如在讲述故事的背景与起因时,语速要平稳,不要慌张。对于抒情的场景,可以用或低沉或高昂的激情语言表达。遇到紧张的情节,可以加快语速,加重语气,使听众产生紧迫感。有恐怖情节的,可以用缓慢、低沉的节奏渲染气氛。

让听众产生画面感

讲故事并不是让你站在台上将准备好的故事一字一句背下来,讲故事也是需要基调的。演讲者在讲故事时,如果让听众产生画面感,那会更吸引人。此时,演讲者可以根据故事中人物的性格、气氛等,借助手势、声音,适当表演,让故事更加形象,让听众有"如见其人,如闻其声"的感觉。比如,模仿故事中人物的方言,以此来突出人物的籍贯及社会地位等。为使演讲更加生动,你需要扮演各种角色。讲故事是以讲为主,可是,也少不了表演。表述具体,描述细化,那么,听众就有身临其境的感觉,随着你的情节去思考,而不是胡思乱想。

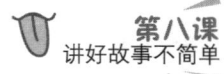

设置悬念，环环相扣

每一个优秀的演讲者都是讲故事高手，他们懂得如何在短时间内抓住听众的注意力。我们来看一下这样一句话："今天我给大家讲一个故事，从这个故事中我学到了……"以这样的方式打开故事，肯定无法吸引听众的注意力，即便你的取材很精彩，也难以达到应有的效果。相反，如果先设置悬念，环环相扣，相信听众的注意力会很快放在故事上，此时再提出自己的感悟与教训，听众就很容易接受了。

张弛有度、有起有伏的故事才更吸引人，在讲故事的过程中，同学要注意把握好节奏，用符合故事情节的语调、动作去表达，才会达到事半功倍的效果，为你的演讲增添光彩。

> **我来试试看**
>
> 当众讲一个故事（既可以是自己的，也可以是他人的），加入手势，利用声音的变化来诠释不一样的感受。

演讲中如何分析故事

阶梯目标

通过对故事的分析,让听众对自己的观点有更深的了解。用自己详尽的思考过程来吸引听众,让演讲达到最佳状态。

这是一位老师关于教育的演讲:

一名15岁的女学生跳楼自杀了,本以为多少会让家长朋友们有所感触,但我看到更多的还是分数、名次、补课,讨论某某某被某重点大学提前招录了……对于这则消息,他们的反应是:哦,看来我要对我儿子更加严厉了,增强他的抗压能力。一个鲜活生命的离世,就这样被"成绩"所淹没。后来我了解到,这名少女跳楼的原因无非是月考没考好,上课不认真被老师点名批评,中午回家因小事被家人说了两句,于是情绪到了临界点,从17楼跳了下去,一个原本幸福的家庭此后都要活在痛苦的深渊。

第八课
讲好故事不简单

在这里,我不想说这个女孩心灵有多脆弱。该反思的是家长、是老师,孩子为什么会那么脆弱?在什么情况下,才会脆弱失控到敢从17楼跳下去?人只有在面对无望、极度枯燥的生活,加之不被理解,找不到倾诉对象,看不到前路、后路的时候,才会如此决绝。

在我青春年少时,也曾有过自杀的念头,回头想想,真的挺可笑的。那时看到的是山穷水尽,如今看来不过是过眼云烟。那时,幸而有朋友、亲人,在我最无力的时候毫不吝啬给予了我拥抱,给我讲笑话,带我去爬山。站在山顶上远眺,入目皆是连绵起伏的葱郁群山,闭上眼睛,感受着大自然的美好,原来生活如此美好。庆幸那时"分数"还没有洗劫人们的思想,我还可以玩,可以爬山,可以偷懒。可是,那个女孩有什么呢?

入学不过一个月,"教育"的残酷已然让人喘不过气了,堆积如山的作业,大大小小的考试,每天三点一线的机械式生活,少了与同学、老师之间的沟通,寻求不到心灵的慰藉,哪怕在最亲的亲人面前。学习没有乐趣,生活没有波澜,稚嫩的肩膀何以托起沉重的负担。于是,一点点小事都可以成为导火索,失控也成了必然。

几十年形成的教育体制,难以改变。来自各方面的压力也让老师、家长承受了很大的压力。每个人的出发点都是好的,但是否可以学着换位思考,在孩子累了的时候,适时地说一句:"孩子,累了就休息一下吧。"到最后,即便孩子的成绩不理想,但至少他有爱,不会走上绝路……

一位老师从一个少女跳楼事件说起,对这一事件进行了深入剖析,引人深思。在分析故事的过程中,他以自己做对比,看似在批判教育的残酷,实则提醒人们:在面对不可改变的事实时,唯有改

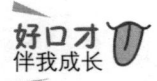

变自己。在分析故事的过程中,一定要加入自己的观点,这样听众才知道你讲故事的目的。

很多人都会讲故事,可是,也有很多人所讲的故事无法深入人心。更有甚者,故事讲完了,对方不知道你要表达什么意思。讲故事肯定有讲故事的目的,但如果不会分析故事,那么故事再精彩,也达不到预期的效果。分析故事其实起到了画龙点睛的作用。

对故事主旨进行分析

在选择故事时,你就要明白故事的主旨,否则如何让故事去打动听众?在对故事进行分析时,可以从故事主旨入手,分析故事主要表达的是什么,传递的是什么。听故事是一回事,故事所要表达的内容又是一回事。正如一千个读者眼里有一千个哈姆雷特,当你的感想没说出来时,听众永远也不知道你真正的意图。当然,在分析故事时,最好可以另辟蹊径,大多数人都知道的、老生常谈的分析结果最好不要出现在演讲里。

对故事情节的分析

每个故事都有情节,所有的情节都是为演讲内容服务的。因此,在故事讲完后,要对情节有个具体分析,告诉听众,你为什么这么说,意义何在。当然,分析情节要围绕着演讲主题进行。

从角色性格入手

在分析故事时,可以从故事中的角色性格入手,进一步深化主题。每个故事都有主角、配角,他们之间的性格冲突恰恰反映了你要表达的主题。只要对角色性格进行适当分析,启发听众的思考,你要表达的观点便不言自明了。

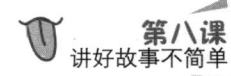

演讲者要明白,讲故事与分析故事是不一样的,讲故事只是叙述,将某件事讲出来,而分析故事要加入自己的思考,让故事更鲜活,更有意义。

我来试试看

选择一个演讲主题及与之相关的故事,分析故事中有哪些方面有利于自己的演讲。

把握细节，让故事更有号召力

阶梯目标

学会观察细节，明白细节对讲故事的重要性。

某学生的数学成绩在一个学期后有了突飞猛进的改善，老师便让这位同学做一次演讲，分享学习心得。

其中，有一段是这样说的：

上学期我的数学成绩总是不理想，一次考完试，妈妈看着我的试卷，我本以为妈妈会生气。但妈妈目光柔和地看着我，她的语气很平淡，说："考试有一个很大的作用就是查漏补缺。可是，关键还在于发现问题，然后解决问题。"在那之后，为了改善我的数学成绩，妈妈专门给我弄了一个错题本，我可爱的妈妈用绿色彩笔在错题本的封面上写着：那些年女儿错过的数学题。

我是个内向的女生，妈妈担心我因为害羞不敢向老师请教。她便会拿着我的错题本时常给老师打电话咨询，一边听电话，一边认

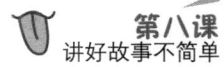

真记录老师的话。虽然她对内容一知半解,但记录得很详细,重要的地方还会做上记号,叮嘱我要反复看。

学校里的小测验,回家后她看到试卷上的错题,就一定会监督我将错题订正才放心。就这样,在妈妈的帮助下,我的数学成绩有了很大的提高。

这段演讲对于人物细节的描述很生活化,使人物更加立体,让听众有代入感。可以感觉到一位母亲对孩子殷切的希望与安慰,从细节中感悟一位母亲深深地爱。这段演讲有母亲对孩子的安慰、引导、鼓励、帮助、督促……不仅使人物形象丰富,也使同学们明白,错题整理的好处。

很多时候,听众留意的往往都是不起眼的细节,印象深刻的也是细节。细节就如放慢镜头一般,将情节层层推进,让听众细细品味,回味无穷。如果你够细心的话,就会发现,但凡精彩的演讲,在细节处理上都非常完美。乍听之下,并不觉得什么,但当你稍作联想,就会有种恍然大悟的感觉。在演讲中,越是明确、细节化的说明,所展现的力量就越强大。

同学在讲故事的时候,一定要把握好细节,一个故事,一个事件,如果没有细节,三两句话就讲完了,干瘪枯燥,容易让人产生距离感。相反,如果细节过多,就会失去重心,主题不够突出,就起不到"号召"的作用了。

以小见大

成功的演讲之所以能给我们留下深刻的印象,很大的原因并不是内容有多丰富,话题有多新颖,而在于对细节的处理。很多时候,一个小小细节的刻画,可以反映出大道理,让听众更容易接受，也更易打动听众。例如，一位环卫工人拾金不昧，在寒风中瑟瑟发抖，等待失主。在这里就可以将环卫工人的等待细节化，别人笑他傻的时候，他只是憨厚地笑，失主回以报酬的时候，他冻得通红的手直摇摆，拒绝报酬……这些都可以体现一位环卫工人的高品格，更让人动容。

前后照应

在叙述故事的时候，一定要严谨，做到前后照应，埋下的伏笔，后面一定要照应，不然听众就会听得一头雾水。如一位女学生关于"亲情"的演讲：

我即将放假了，我的妈妈给我打电话，问我什么时候回家。我说放假了就回去，然后便是静默。我实在忍受不了这种气氛便草草挂了电话，我对着电话发呆……我在想，有多久没在妈妈怀里撒娇了？其实很想问一下妈妈最近身体怎么样了？夜里是否还经常咳嗽？但这些都没有勇气问出来。我觉得与母亲之间的心墙似乎越建越高了，每一次的欲言又止背后都是深深的自责。有一次，我无意间听到妈妈对爸爸说："女儿长大了，不需要我们了。"听着这句话，我心如刀割。原来妈妈一直记得，原来我的任性将妈妈伤得如此深。记得一次期末考试，压力很大，妈妈总在身边唠叨，多吃点，把牛奶喝了，早点睡……我总是不耐烦地说："我知道了，别说了。"可妈妈依然唠叨不停，直到我说："我不需要你的关心。"妈妈愣住了，自知说错话的我，没有道歉，而是关掉房门。从那之后，总是和妈妈争吵。后来的后来，就演变成了无言以对。我也想做妈妈贴心的小棉袄，也想像其他女儿一样，在妈妈面前，哭笑自如，可是……看着窗外淅淅沥沥的小雨，我情不自禁想起雨天妈妈

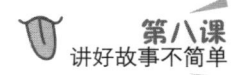
第八课
讲好故事不简单

给我送伞的情景,每次回家,床铺都有阳光的味道,饭菜都是我喜欢吃的……妈妈用她的爱包容着我的任性……

这段演讲里的故事,从母女俩人无言以对,到讲其中的原因,再到认识自己的任性及母亲的包容,一气呵成,前后照应,有始有终。在细节上刻画出了故事的前因后果。

我来试试看

选择一个故事,拓展其中的细节,深入详细地进行描述,讲给同学们听,看看听众的反应。

第九课 演讲中的小妙招

你将在本课中学到
- 如何与听众进行互动
- 掌控演讲时间
- 调节现场气氛
- 演讲结尾技巧

关键词： 互动　时间控制　冷场　高潮　结尾

扫码观看精彩视频

1 让听众参与到你的演讲中

阶梯目标

掌握与听众互动的技巧,通过互动让听众参与进来,形成双向交流。

某位演讲者要去学校做一场关于感恩的演讲,为了让演讲更加顺利,为了能走进听众的心,他提前去学校,从老师到学生,深入了解那些感人却不太为人所知的事。

演讲那天,演讲者穿着简单的白衬衣、黑裤子,面带微笑走上了台。

尊敬的领导、老师、同学们:

你们好!

此刻能站在这里,我是心怀感恩的,感恩校领导给我说话的机会;感恩你们可以坐在这里听我说话……滴水之恩当涌泉相报,"恩"有很多种,父母的养育之恩;老师的授业之恩;领导的提携

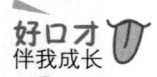

之恩；朋友的相助之恩……

我想问一下同学们，有谁知道西方的感恩节是哪一天？（台下声音此起彼伏，但还是听到了答案：每年11月第四个星期四。）看来同学们都是懂得感恩的人，相信你们也一定知道母亲节、父亲节在哪一天（台下有善意的笑声响起）……

其实，昨天我就来到了学校，走在校园里，感受着同学们的朝气，我觉得自己一下子也年轻了。在学校的一个角落里，我看到一个穿着校服的男孩拿着书，低头认真地看。本准备转身不想打扰，可看着男孩清瘦的身影，我还是轻轻坐在了他身边，从开始的一言不发到有一搭没一搭的聊天，再到后来的相谈甚欢，我们成了朋友。那个男孩让我心疼，但更多的是敬佩，他家在偏僻的农村，一个月甚至几个月都不回家。不是他不想家，只是那十几块钱的车费止住了他回家的脚步。他更怕回家后看到父母越来越弯的背，坚持的信念会轰然倒塌。我记得他是这样说的："我不能也不允许自己放弃学业，只有更好地完成学业，才是对他们最好的报答。"（听众为之动容，已有人开始在人群中寻找那个男孩）相信大家都知道我说的是谁……

演讲结束后，台下听众都站了起来，给演讲者送上了最热烈的掌声。

演讲者开头的提问，达到了与听众互动的目的，让听众参与到演讲中。随后，演讲者充满真情的讲述感染了听众，加上小男孩的故事，把大家引入沉思中，使演讲的主题得以升华。

同学们要明白，演讲并不是一个人在台上侃侃而谈，而台下无动于衷。孙绍振教授说："演讲与作文的不同，归根到底在于作文是单方面地输出信息，演讲则是在现场与听众双向交流信息。除此

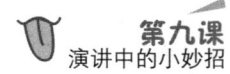
第九课
演讲中的小妙招

之外,听众与听众也在双向交流情绪。严格地说,演讲是三角信息的相互交流。"毕淑敏有一次在演讲中设计了这样一个环节:"刚才我说了让同学们准备好纸和笔,我们现在做一个小小的心理游戏……"听众在毕淑敏的引导下,一步步进入演讲主题。

一些同学在准备演讲稿时,总想着如何表达自己的思想情感,而忽略了与听众之间的互动与交流,这使演讲无法达到最好的效果。在写演讲稿时要有意识地与听众联系起来,可以使用设问、换位、呼告等表述技巧,增加语言的交流性。在演讲过程中,良性互动是非常重要的,可以大大激发听众的热情与交流的兴趣。

一些同学在演讲前会担心,如果听众对互动不感兴趣怎么办?其实,只要学习一些小妙招,便能轻松应对。

把握提问的机会

在演讲中,有效的提问可以活跃现场气氛,可以使交流更加顺利。恰当的提问能够得到听众积极的回应,在互动的过程中,了解听众真实的想法。一位成功的演讲者,除了努力与听众达成信息交流,他们也会注意用"提问"的方式来引出话题,并借机阐述自己的观点。不仅烘托了气氛,在情感上也与听众达到了互动,使演讲进入更高层次。善于运用"提问",容易在精神与情感上和听众产生共鸣。

懂得倾听

只是提问,并不能牢牢抓住听众,在与听众互动时,要懂得倾听。一些听众因为语言表达不好,或是过于紧张,便会"求助"演讲者,想要快点结束发言。作为演讲者不要轻易去打断听众,那样听众就会停止发言或是只是简单回答"是"或"不是",那就达不

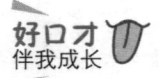

到互动的效果了。面对这样的情况,演讲者可以用赞许的点头、温和的微笑或注视对方的眼睛等来鼓励听众,以表示正在认真听并感兴趣。当听众发言结束时,也不能过于敷衍或急于进入下一环节,而是对听众的回答表示认可,如赞许听众的回答很特别等。演讲者积极的反馈对于促进听众互动有很大的鼓舞作用。

设置游戏环节

某位演讲者在给同学们做演讲,在谈到"观察能力"时,她说:"同学们,我们来做一个小小的游戏,谁愿意配合我,我需要五名同学。"很快有五名同学上台。演讲者说:"你们现在仔仔细细地观察我,然后我出去两分钟,回来后,你们要说出我身上的10处变化。"演讲者走下台,在隔断里她将一个小发卡别在头发上;将蓝丝巾换成了黄丝巾;将耳钉取了下来……都是细小的变化,结果发动台下的听众,还是有两处没找出来。就这个话题,演讲者开始谈观察能力的培养及应用,同学们听得异常认真。

游戏环节可以增强听众的参与意识,使听众的注意力都集中在演讲上。不过需要注意的是,游戏的幅度不应过大,过程也不能过于复杂,否则参与性不高。

我来试试看

设计一个互动游戏,与同学一起分享,运用互动技巧,感受互动的重要性。

掌握重点，控制时间

阶梯目标

学会在演讲中掌控时间，在一定的时间内，能够突出演讲重点，圆满结束。

这是一场关于《选择信任》的主题演讲，林辰参与了此次演讲：

有人把信任比作一张纸，破了便不可修复。信任危机充斥着我们的生活，每个人出门都将自己裹得厚厚的，摆出一副"生人勿近"的表情。你们是否觉得如今谈"信任"是一件很可笑的事呢？

曾听过这样一个故事：有两个人结伴去探险，密林深处，一位旅行者的脚扭伤了。两人搀扶而行，速度越来越慢。扭伤者的同伴说："照这样的速度，第二天也走不出去。我去找人求救，你就在原地等，我会沿路留下记号。"同伴去找救援，伤者坐在空地处，他想：能找到救援吗？他还会回来吗？一连串质疑，加上夜幕降临，伤者的心慢慢往下沉。他觉得同伴不会回来了，伤心、绝望、愤怒……所有不好的情绪袭上心头，终于，他拿起刀片结束了自己的生命。当同伴带着救援人员赶到时，留下的只有一具温热的尸体。

绝境面前，我们更应该给予同伴最深的信任。这位伤者对同伴的不信任，终究害了自己。是什么让我们的信任变得如此薄弱？重新建立一份信任有那么难吗？伸出彼此友善的双手，拥抱温暖，你收获的远比你想象得多。

演讲时间并不长，重点在于"信任"，观点鲜明，一个故事，一个总结，态度明朗，引人深思。一些演讲者在演讲时会抱怨时间过于仓促，很多论点都没讲清楚。其实，给予你的时间再多，演讲也不一定精彩。演讲最重要的就是精练，长话短说，说明你掌握了重点。

我们都知道，说话要讲重点，对于演讲更是如此。一般情况下，重点要放在最初的几分钟，然后展开论述。如果绕了一圈，听众却不知道你要表达什么，那么，你的演讲就是失败的。同学在演讲时，如果因为某些原因，即将超时时，就要果断去掉不重要的内容，将最核心的内容表达出来。

不超过三个要点

一场演讲一个主题，当你的演讲没有被听众记住时，你就要反省了。一些同学在演讲中，总是想将所说的话一次性完美呈现，这几乎是不可能的，大多数的听众是不会太专注于你的演讲的。演讲结束后，听众可以记住一句你所表达的观点就已经非常

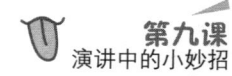

第九课
演讲中的小妙招

好了。因此，在演讲时，重点的掌握非常重要，聚焦之下，话语才有力度。

在演讲中，无论阐述什么样的观点，最好不要超过三个要点。一场演讲，听众不可能完全记住5个或是10个要点，这样的演讲结构，会让听众觉得混乱。浓缩成三个要点，自己清楚明白，听众听得也清楚。如一位校领导对着学生说："我将谈谈我们学校自建办以来的十次飞跃……"听到这样话，大多数学生都是茫然的，也觉得挺吓人的，心想：十次飞跃，那要讲到什么候？如果改成"接下来我将谈谈我们学校的过去、现在和将来……"这样听起来就清晰多了，也知道演讲者的目的。

精简内容

在课堂上，面对老师的拖堂，同学们是不是恨不得将老师赶出教室？在任何时候，守时都是一种美德。在演讲中，对于时间的把控尤为重要。演讲最忌讳的就是在台上喋喋不休，没有重点地平铺直叙。通常情况下，演讲的时间都不会太长，越是简短的演讲，越考验人的能力，也越能突出重点，听众记住要点的概率也最大。在准备演讲稿时，只留下最适合的，不要为了凑数而添加内容。

戴上手表或计时器

准备计时器有利于对时间的控制，但不要一直盯着计时器看，越看越紧张，进而影响演讲质量。对于时间的把控有助于对演讲内容进行随时调整，如前面讲得太慢，在最后就可以去掉一些内容，或是稍微加快语速；反之，前面太快，后面就可以放缓语速。同学在演讲之前，可以自己计时，多练习，记录每个部分各占用多

长时间。

我来试试看

　　同一主题，写两篇演讲稿，并对着镜子演练，一篇计划用时30分钟，一篇用时10分钟，最后对比哪一篇效果更佳。

冷场不可怕，幽默来应对

阶梯目标

掌握演讲中运用幽默的技巧，通过幽默的方式活跃现场气氛，用笑声缓解自己的紧张情绪，使演讲顺利进行。

三年高中生活结束了，某班举行了毕业联欢会。结束了没完没了的考试，同学们可以尽情地欢笑了。班长建议每位同学都上台讲几句，同学们兴致也挺高。

一位同学走上台，脑子一片空白，不知道要说什么，在台上站了近一分钟，台下的同学们有的已经笑出声了。这位同学脸"刷"地红了，他灵机一动，嘴巴一撇，说："三年了，我舍不得同学们哪，话都不知道怎么说了，我会想你们的……"说完，全班同学爆笑如雷。

这位同学的即兴幽默，不仅缓解了尴尬的冷场气氛，也表达了同学之间的情谊，幽默中不失情感。

在演讲中，遇到冷场是很正常的，一般出现冷场的情况有两种：一种是听众对于演讲内容毫无兴趣；另一种是演讲者提出问题，听众毫无反应或是敷衍回答。其实，说来说去，不能怪听众不热情，演讲会冷场，最根本的原因在于演讲内容不够吸引人。听众也只是抱着"来都来了，听听算了"的心态，在被动"接受"你的观点。冷场归根结底，还是演讲者的失败所导致的。

在人际交往中，冷场就如同"冰块"，气氛的冷凝，往往会使场面变得尴尬无比。因此，及时"融冰"才是最重要的。在演讲中，也会出现冷场的情况，如果放任这种状态，只会让演讲无法进行下去，或者成为你一个人的"表演"。同学在演讲时如果因为某些原因出现冷场，也不要紧张，掌握一些应对冷场的技巧，便可以使问题迎刃而解。

幽默转移

用幽默来化解冷场是非常有效的，当演讲进行到一个阶段，当你在向听众提问时，听众不予理会，你就可以说："看来大家都是谨慎的人，需要时间考虑，不要紧，大家先听我说，等会儿再想。"这样一来，现场气氛就不会因为冷场而陷入尴尬了。

顺水推舟

在演讲中，偶尔会遇到一些突发事件，使演讲陷入冷场局面。此时，不妨顺水推舟，借助突发事件进行调侃，让事件向有利于自己的方向发展。迂回回应，达到幽默效果。例如，一位演讲者上台后因为紧张一直冒汗，语言表达上也有失水准，听众也都开小差

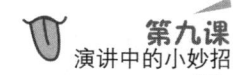

了。当他再次拿起纸巾擦汗时,说:"我从小就这样,一遇生人就紧张,一紧张除了指甲盖不冒汗,全身都在冒汗。"说完,听众笑了起来。而他的心情也慢慢平静了下来,接下来的演讲很顺利。

紧扣主题

在演讲中,因为冷场而即兴发挥的内容,很多都不在预期范围内。即便如此,在使用幽默化解时也要注意,不能离开主题,否则就会让听众觉得很突兀。在准备演讲稿时,就可以准备一些幽默的小段子,以防万一。而且不能自己先笑,语速适当放缓,给听众一个缓冲。

我来试试看

主动制造一个冷场的演讲现场,然后运用幽默技巧化解,调节演讲气氛。

扫码观看精彩视频

画龙点睛掀起演讲高潮

阶梯目标

通过点睛之笔，深化主题，用精彩的句子或段落掀起演讲的高潮，让听众在这个过程中感受演讲的魅力。

2007年6月9日，在台湾成功大学医学院的毕业典礼上，龙应台站在了演讲台上，展开《心灵的X光》的演讲：

今天在座的，我发现，父母、祖父母的人数超过毕业生自己。我愿意对为人父母的说几句话。恭喜你们，我几乎就看见当年的我自己，坐在毕业生的位子上，也看见我自己的父母，坐在你们的位子上。

我那么清楚地记得，在我七岁的孩子上小学的第一天，我牵着他的手走到学校，然后看着他，背着花花绿绿布满恐龙的书包，消失在教室门口。他不停地回头看我，我也万分不舍地痴痴看着他。我也记得十六岁那年他到美国做交换学生，我送他到机场，看着他，背着年轻人的背包，消失在入关口。我站在后面，一直在等他

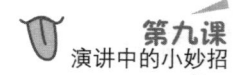

回头看我一眼,但是,他头也不回,一次都没有。

于是我逐渐认识到,原来父母子女一场的缘分,就是注定了你此生要不断地看着他的背影,渐行渐远。今天是你们的孩子、孙子的"独立日"。其实,你们自己新的一课也从今天开始:学习放手,让他跌倒而不去伸手扶他。我从自己的经验中知道,那是多么多么难受的一堂课……

每一个人都需要一种心灵的 X 光,给自己一种透视人生的智能,但是心灵的 X 光执照,取得何其不易。只不过,一旦取得,你就是一个不一样的人,不一样的医生了。祝福你们。

龙应台的演讲中,与毕业生分享的那段自己与儿子之间的往事,通过两次不同时间、地点送别儿子的场景及当时的心情,认识到父母子女之间的缘分,最后再回到主题,送出祝福。点睛之语将演讲推向高潮,用自己的认识引人深思,倾诉自己内心感受的同时,也感动了听众。

画龙点睛是中国耳熟能详的一句成语,用在演讲中,就是在关键的地方用几句话来点明主题,使所表达的内容更加生动。在演讲中,演讲内容要通过叙事、抒情等手法来表达,如果叙事、抒情是"画龙",那么,叙事、抒情后的总结就是点睛之笔。两者是相辅相成的,龙画得再好,缺少了点睛之笔,便无法将观点精准地呈现出来,演讲的效果也会大打折扣。演讲要有闪光点,这样才能抓住听众的眼球。同学们在演讲中,要学习如何"点睛",便能增强演讲的感染力。

揭示观点

一个优秀的演讲者通常在叙述完某件事或某个观点后,会加入一些思考性的话题，并引申出深刻的人生道理，让听众自我深省。从所叙事的内容中重新思考，感悟人生。如透过某件事情，演讲者开始思考某个被忽略的问题。

一位演讲者在分享成功经验时，讲到了自己看到的一则新闻：一个脑瘫患者用坚韧的毅力成了摄影师。在叙述完这则新闻后，演讲者说："正是从那时候起我开始真正思考人生，我有一个健康的身体，有什么是我办不到的呢？当我不敢前行时，说告诉自己：抬起头。人生没有什么战胜不了，只要自己不放弃，这个世界便不会抛弃你……"

情感升华

成功的演讲者都有睿智的思想，他们能从一件小事或是一种现象中，揭示出深刻的道理。成功的演讲者在抒发某种情感之后，通常会下结论，发表自己的见解，画龙点睛，让所表达的内容有实质性的意义。下面是一位演讲者关于"父爱"的演讲：

很多人都说从未感觉到父爱，但我想用冰心先生的一句话告诉你：父爱是沉默的，如果你感觉到了那就不是父爱了！最后我要说的是，父爱没有母亲的爱细腻，没有母亲的爱直接，没有母亲的爱温柔……也许你在一旁说得口干舌燥，他只"冷漠"地回一个字：哦。但这都丝毫不能影响父亲在任何人心中的地位。母亲的手，父亲的背，是我们儿时最美好的回忆。父亲的爱是深沉的、厚重的、刚强的、内敛的……他给予我们力量，让我们在人生路上有了更加坚定的信念……

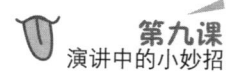

第九课
演讲中的小妙招

引人深思

很多时候,一件简简单单的事,往往蕴含深刻的含义,在进行事实阐述后,演讲者可以引申出同类事物或是现象,发人深省。演讲者几句发人深思的话,通常能达到"点睛"的作用。例如,一位学生关于"成长的代价"的演讲,其中他举了一个例子:

每个人的成长都会付出一定的代价,有的人的代价是一场惨痛的恋爱经历,有的人的代价是变得孤独……2009年10月24日,湖北长江大学的几名学生在长江边发现有人落水,在围观群众无一相救的情况下,长江大学十多名同学组成人梯将两位落水少年救了起来,但不幸发生了,有三名同学在救人过程中不幸溺水,他们的生命结束在了冰冷的长江水中。危难之中伸出援助之手,这是一种成长的表现,也是成长的代价,只是过于惨烈了。

议论之后点题,更加让人印象深刻,达到引人深思的效果。

点睛之笔不是一句无关痛痒的话,"点睛"不仅要加入情感的升华,还要富含哲理,当然,"点睛"也不能脱离主题,违背事物发展规律。用简练的语言,进行画龙点睛式的阐述与渲染,会将演讲推向高潮。

我来试试看

找到演讲主题中重要的观点或语句,然后在演讲中最恰当的时候"释放",观察现场反应。

扫码观看精彩视频

5 演讲结尾技巧运用

阶梯目标

通过对演讲结尾技巧的运用，使演讲有始有终、回味无穷，让听众有"余音绕梁"的感觉。

2013年10月7日，毕淑敏来到了《开讲啦》的舞台，做了一场关于《别给人生留遗憾》的演讲：

年轻的朋友们，能有这样一个机会，和大家谈谈我的青年时代，谈谈我这一个人生有没有遗憾，谢谢给了我这样一个机会。关于遗憾，我查过字典，字典里有各式各样的解释，我最喜欢的一个解释就是，我们能够去满足的心愿，可是我们没有去完成，我们深感惋惜。我想跟大家说的第一件事，就是在我年轻的时候，真是有一件万分遗憾的事情，那件事情如果发生了，我今天根本就不可能站在这里和大家做这样的一番分享。

……

第九课
演讲中的小妙招

我下个月会出发到非洲去,我真的觉得那是我的一个愿望,如果我不抓紧去实现它的话,我会越来越老,身体也会慢慢地出现更多的问题,眼睛不再那样明亮,看不了非洲的动物,也许我的思维就不会那么敏捷。对于那样灿烂的文化和悠远的历史,我理解起来,记忆起来,可能就会有困难,然后还要翻山越岭,万一自己跑不动被狮子追上了,是不是也有点危险。

所以如果你有愿望,如果你真的还有力量去实现它,我觉得你一定要即刻就出发,去完成自己的愿望,让自己少一些遗憾。人生是一个漫长的过程,年轻是多么的好,但是请你们记得,记得有很多的东西,当你不懂的时候,你年轻,当你懂得了以后,你已年老。

那么让我们的理想不要变成化石,让我们现在就行动起来,去实践我们的理想,让我们的人生少收遗憾,谢谢大家!

独具匠心的演讲结尾会给听众留下深刻的印象。有这样一句话:"编筐编篓,重在收口。"一场成功的演讲应该是有始有终的。很多演讲者都会犯一个错误,过于重视开场,却草草收场。其结果就是精心准备的长篇大论,听众过后就忘。

同学们在演讲中要注意,听众往往对于结尾的几句话非常敏感,尤其当听到"在演讲结束之际,我……"时,听众往往会竖起耳朵倾听。此时,就要把握机会,对此演讲做总结式发言。掷地有声、简洁有力的结尾,会使演讲达到一个高度。结尾收不好,就会抹杀前面的精彩,功亏一篑。这就好比嗑瓜子,前面的又香又脆,吃到最后一个是坏的,满嘴又苦又涩,原本的香味也被完全掩盖。那么,同学应该如何做好演讲的结尾呢?

首尾呼应

演讲到最后，同学们一定不要忘了深化主题，演讲结束前总结重点，首尾呼应。用精练的语言，概括主要思想，不仅体现了演讲的严谨性，更加深了听众的印象。尤其当你的演讲是为提供某种信息而准备的，那么，总结就更为重要了。重复你的观点，让听众完全领会你的意思，就要做到首尾呼应。

号召式结尾

当你的演讲是为号召大家采取某种行动时，演讲最后几句话就可以号召听众，让听众按照你的意愿采取行动。这种方法，我们在交通安全宣传中也常看到。一般我们会先看到一些因不遵守交通规则而惨遭车祸的画面，触目惊心的场面让人为之一震。看到时机成熟，演讲者就会号召大家文明出行，遵守交通规则。这样往往能触动听众的心灵，达到较好的效果。

誓言式结尾

誓言式的结尾通常是情感饱满，热情奔放的。这样的结尾方式更有感召力，会激起听众的热情。如爱国主题的演讲："同学们，让我们高举……用我们的热情与智慧开创……我相信……"这样的语句不仅反映了演讲者的立场，也对听众起到了鼓舞作用。

出其不意

有人曾说："演讲最好在听众兴趣到高潮时果断收束，未尽时戛然而止。"通常情况下，听众听得正感兴趣时，大脑皮层就会处于高度兴奋状态，此时结尾，会给听众留下深刻的印象。如一位竞选班长的同学这样说："最后，我也不想再表达什么了，我相信并

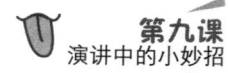

尊重同学们的选择,谢谢大家。"这位同学并没有号召大家,也没有决心说今后怎样怎样,而是干脆利落结束演讲,在听众始料未及的同时,他在大家心目中的良好形象也定格了。

我来试试看

写一篇演讲稿,以不同的方式结尾,在好朋友面前试讲,看看哪一种方式效果更佳。

第十课 不同场合下的演讲

你将在本课中学到
- 竞选班干部时的演讲要点
- 辩论会的演讲要点
- 自我介绍的方式
- 即兴演讲的要点

关键词： 竞选 辩论 演讲比赛 自我介绍 班会

扫码观看精彩视频

1 竞选班干部

阶梯目标

全方位认识竞选演讲，了解把握竞选演讲的要点，通过竞选演讲打动评委，达到竞选成功的目的。

竞选演讲是我们在求学过程中经常遇到的一种演讲。通常，此类演讲是为了获得某种职位或荣誉。如班干部竞选、十佳少年竞选、学生会干部竞选等。下面是竞选文艺委员的一次演讲：

尊敬的老师、同学们：

我这次竞选的是文艺委员，首先，我要感谢老师和同学们对我的支持，使我能够站在这里演讲。我不敢保证我是最适合的人选，但我相信我一定能够做好这份工作。

从小在父母的教导下，我便开始学习琴棋书画，在多年的学习中，我荣获的奖项有：全市同学吉他比赛一等奖、少年宫书画比赛二等奖、市同学歌唱比赛三等奖等。

　　随着年龄的增长，我的艺术造诣也在不断提升，如今，琴棋书画已经成为我生活中不可缺少的一部分。在陶冶情操的同时，我也懂得了很多做人、做事的道理。

　　我除了在文艺上有一定的特长，在学习上一刻也没有放松，而且还有一颗美好的心灵，善于帮助他人，乐于奉献。我在上幼儿园时就把所有的零花钱捐献给了汶川地震灾区；在一年级的时候，学校组织向贫困山区的小区捐赠书刊，我将保存了5年的课外读物全部捐了出去，我希望我能够与山区的朋友们一起分享，一起成长。

　　我更相信，别人能做到的，我一定能做到；别人做不到的，我也一定能做到。在家里，我孝敬父母；在外边，我尊老爱幼。在家时和经常和父母干一些家务活，自己的袜子以及一些衣物都是自己去洗，养成了自己的事情自己做的习惯；有老爷爷、老奶奶过马路时，我会主动去帮助他们。

　　如果这次竞选成功，我会让自己更加优秀，在各个方面起到带头作用。尤其是文艺方面，我会让我们的文艺生活更加丰富多彩，让同学们在快乐中学习。我会带领同学们为班级争光，为学校争光。当然，所有的竞争，最重要的是参与。不管今天我是否能够竞选成功，只要我参与了，我就是胜利者。我依然会努力发挥个人能力，让自己做得更好、更棒。谢谢！

　　一个优秀的学生是否能够担任某种职位，除了要具备一定的个人能力，还应具备良好的口才。因为作为班干部，你要管理其他同学，在管理的过程中，除了运用一些管理方法，最主要的还是通过沟通来达到目的。如有一位同学经常在课堂上调皮捣蛋，哪怕经常

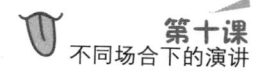

第十课 不同场合下的演讲

受到纪律惩罚，也依然故我。显然，纪律已经无法约束这样的同学。那么，作为班长，就需要运用自己的口才，结合课堂纪律，对其进行说服引导，使其改掉不好的毛病。

竞选班干部的演讲因目标不同，内容也要有所不同。要在竞选班干部演讲中获胜，我们需要注意以下几点：

第一，明确目标。首先要明白你竞选的目标是什么，目标确定之后不可左右动摇，飘忽不定。如竞选岗位有班长、学习委员、体育委员、文艺委员等。这时，你要确定一个岗位，然后从这个岗位出发，挖掘自己的优势，这样才能打动老师及其他同学，获得他们的认可。

反之，如果你的目标是两个以上，觉得"如果竞选不上班长就竞选学习委员吧！"这样因为你心中有多个目标，所以个人优势很难针对某个岗位发挥出来，也很难给老师及其他同学留下深刻的印象。

我有一个学生，15岁，在听了我的一堂课之后问我："老师，上次班里竞选班干部，在班级中，我各个方面都还不错。爸爸建议我竞选班长，如果竞选不到，就竞选学习委员。可是最后我什么也没有竞选到，这是为什么呢？"

显然，该学生的问题不是他能力差，也不是他演讲得不好，而是目标不明确。只有明确目标，然后朝着那个目标坚定地去努力，才有可能获得成功。

第二，宣己之长。明确目标就是为了宣己之长，如果目标不明确，我们就不能针对目标来挖掘自身的优势。如班长和学习委员，这是两个不同的岗位，对任职者的要求也不尽相同。班长重点要求的是个人管理能力，学习委员重点要求的是个人学习能力。那么，如果目标不明确，你该如何展示自己的能力呢？

在确定了目标之后,要根据你竞选的岗位而展示自己的能力。如你竞选的是班长,那么在演讲的过程中,要着重展示自己的管理、领导能力等。

第三,逻辑严谨。一场精彩的演讲要有足够的说服力,而说服力的来源就在于演讲逻辑的严谨,前面提出的观点要有足够的论证。如你告诉同学们你要竞选班长,那么同学们就会很自然地想:你凭什么竞选班长?这时,你要从多个方面证明你能够胜任班长。

第四,以"诚"动人。在与其他同学交往的过程中,你是否有这样的体会?你对他真诚,他就会对你真诚;你对他好,他就会对你好。在竞选演讲中,要想赢得对方的支持,一定要打动对方。除了运用相应的语言技巧,最主要的一点就是真诚。让老师、同学感受到你所讲的内容都是发自肺腑的。

我来试试看

写一篇竞选班干部的演讲稿,在家里对着镜子演练一遍。

校园辩论会

阶梯目标

认识并了解辩论会,把握辩论的要点,通过辩论会锻炼自己的表达能力和逻辑思维能力,进而提高自己的口才。

正方:穿校服,这是学生身份的象征。

反方:穿便装,学生也应追求个性化。

正方代表:我认为学生就应该穿着统一的校服,不仅可以提高学校的整体形象,还可以培养学生的团队协作精神。而且学生的主要任务是学习,统一的校服可以消除学生间的攀比心理。试想一下,如果每个学生每天都在思考自己早上起床后穿什么,哪还能静下心来学习?就家长而言,也不必费心去为孩子挑选衣服了。

反方代表:我认为学生要穿便装,这是一个追求个性化教育的时代，统一的着装意味着倒退。学生无法追求个性，那谈何创新？而且，穿自己的衣服不一定就会引起攀比，松松垮垮的校服穿在身上实在无美感可言。

正方代表：我们是学生，来学校是学习的，不是比美。随着时代的进步，学校对于校服的设计也有了很大改进，穿在身上虽没有便装艳丽多姿，但也不会显得老土。校服代表的是青春、阳光、活力，而这些，不是便装所能诠释的。

……

一个优秀的辩论手要明白的是，辩论并不是将自己的思想强加给别人。在古代欧亚大陆，雄辩家是与思想家画等号的，在唇枪舌剑后，往往能碰撞出思想的火花，他们辩论的目的在于寻求真理。但随着社会的发展，辩论也越来越多样化，人们的观点也不再是单一的。辩论的最终目的，不是看谁胜谁负，而是不同观点的争鸣。

提到辩论，人们首先想到的是律师这一职业。的确，在很多人看来，只有像律师这样的职业才会用到辩论。其实不然，我们的生活中也处处充满了辩论的影子。例如，与某个人意见不合，你要想办法说服对方，这一过程也是辩论。

同学们在辩论过程中，要懂得尊重你的对手，如果分寸把握不好，很容易演变成谩骂与攻击，这并非辩论的本意。在辩论中，当情况不利于自己时，不要胡搅蛮缠。在对方的观点逐渐明确的情况下，不去分析对方的观点，反而进行无目标的攻击，这就违反了辩论的初衷。

同学们要想成为优秀的辩论手，除了日积月累的知识储备，还需要掌握一定的辩论技巧。

第一，借力使力。在辩论过程中，当对方表述了某种观点后，

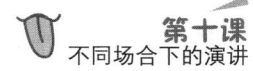

第十课
不同场合下的演讲

你可以顺势借着对方的观点反击他。例如，"是啊，正因为……才……"以对方的角度来强化自身的观点，给对方以回击，借力使力，可以达到扭转局势的效果。这其实与"太极"里的招式很像，借对方力反击对方。

林肯当选总统，在就职演说上，一位议员用嘲讽的口气说："林肯先生，我希望你记住，你只不过是一名鞋匠的儿子。"这句话说完，现场一片笑声，那些自认为高贵的人对于出身卑微的林肯更加不屑一顾了。可是，林肯是冷静的，他等人们笑声停止后，用诚恳的语气说："非常感谢您的提醒，这让我再次想起了我的父亲。虽然他已去世，可是，我知道我做总统永远无法像我的父亲做鞋匠那么出色。我牢记你的忠告，我永远都是鞋匠的儿子。"静默数分钟后，雷鸣般的掌声响起。

这就是借力使力，面对对方的挑衅、嘲笑，不动怒，不慌张，而是巧妙的顺势反击，用对方的话打对方的脸，博得满堂喝彩。

第二，顺水推舟。辩论过程中，因为不知道对方会以怎样的话来反驳，所以，要认真听取对方的观点，然后应势而谋。顺水推舟就是在表面上对对方的观点表示认同，实际上在顺应过程中，抓住对方逻辑上的漏洞让对方的观点变得不成立。

第三，端本清源。这一技巧与顺水推舟刚好相反，反其道而行往往能起到四两拨千斤的效果。这主要是从根本上反驳对方的论点，纳入自己的阵营，让对方的观点为自己服务。

第四，反客为主。在辩论会上，稍不留神就会被对方的论据所牵制，变得很被动。很多辩手都喜欢用刁钻的选择性提问，而这些提问都有圈套，无论你选择哪一种，都会陷入两难境地。面对这样的辩手，可以采用反客为主的技巧，利用其中一个预设选项进行反击，打对方一个措手不及。

第五，一击即中。在辩论会上，常常会看到这样的情况，正反双方在一些细枝末节上纠缠不休，看似热闹，实则已经跑题了。要想改变这种状况，就要在对方陈词后，抓住其论据要害，一击即中，在理论上击败对方。如辩题为温饱与道德哪个重要。当对方以"谈道德首先要解决温饱"为陈词时，就可以抓住其要害，以"在不温饱的情况下是否可以谈道德"进行回击。

第六，以子之矛攻子之盾。辩论并不是两个人你一言我一语的唇枪舌剑，一般都有一辩、二辩、三辩、四辩。那么，问题就来了，随着辩论的深入，常常会出现"后院起火"的情况。此时，就可以利用对方的内部矛盾，快速进攻，使对方在自顾不暇的状态下无力反击。

第七，冷处理。一些同学在辩论时，总想着速战速决。的确，妙语连珠，让对方没有喘息、思考的时间，在一定程度上可以赢得比赛。可是，在某种情况下，快攻速战对于辩论是不利的。就比如，两个人吵架，一个气急败坏，一个不急不躁，结果却是后者占上风。所以，辩论有时也需要"冷处理"，会有意想不到的收获。

在辩论时，语言一定要有逻辑性，如果长篇大论后，却不得要领，很容易让对方钻空子。语言要形象、生动，否则辩论就会变得乏味。

我来试试看

与父母或是好友针对一个话题进行一次辩论，运用辩论技巧，感受辩论技巧的作用。

演讲比赛

阶梯目标

认识演讲比赛，了解演讲比赛的注意事项。通过参加演讲比赛，提高自己的演讲水平。

柴静关于《认识的人，了解的事》演讲稿：

十年前在从拉萨回北京的飞机上，我的身边坐了一位五十多岁的女人，她是三十年前去援藏的，这是她第一次因为治病而离开拉萨。下了飞机下很大的雨，我把她送到北京一个旅店里。过了一个星期我去看她，她说她的病已经确诊了，是胃癌的晚期。然后她指了一下床上的一个箱子，她说如果我回不去的话你帮我保存这个。那是她三十年当中，走遍西藏各地，跟各种人——官员、汉人、喇嘛、三陪女交谈的记录。她没有任何职业身份，也知道这些东西不能发表，她只是说，一百年之后，如果有人看到的话，会知道今天的西藏发生了什么。这个人姓熊，拉萨一中的女教师。

五年前，我采访了一个人，这个人在火车上买了一瓶一块五毛钱的水，然后他问列车员要发票。列车员乐了，说："我们火车上自古就没有发票"。然后这个人把铁道部告上了法庭，他说："人们在强大的力量面前，总是选择服从，但是今天如果我们放弃了一块五毛钱的发票，明天我们就可能被迫放弃我们的土地权、财产权和生命的安全。权利如果不用来争取的话，就只是一张废纸。"他后来赢了这场官司，我以为他会和铁道部结下梁子，结果他上了火车之后，在餐车要了一份饭，列车长亲自把这个饭菜端到他的面前说"您是现在要发票呢，还是吃完之后我再给您送过来？"我问他："你靠什么赢得尊重？""我靠为我的权利所做的斗争。"这个人叫郝劲松，三十四岁的律师。

去年我认识一个人，我们在一起吃饭，这个六十多岁的男人说起丰台区一所民工小学被拆迁的事儿。他说所有的孩子靠在墙上哭。说到这儿的时候他也动感情了，然后他从裤兜里面掏出来一块皱皱巴巴的蓝布手绢，擦擦眼睛。这个人十八岁的时候当大队的出纳，后来当教授，当官员。他说他做这些事的目的，是想给农民做一点事。他在我的采访中说到，征地问题，给农民的不是价格，只是补偿，这个分配机制极不合理，这个问题的根源不仅出在土地管理法，还出在 1982 年的宪法修正案。在审这期节目的时候我的领导说了一句话，说这个人就算说得再尖锐，我们也要播。我说为什么，他说因为他特别真诚。这个人叫陈锡文，中央财经领导小组办公室主任。

七年前，我问过一个老人，我说你的一生也经历了很多的挫折，你靠什么来保持你年轻时候的情怀，他跟我讲有一年他去河北视察，没有走当地安排的路线，然后他在路边发现了一个老农民，旁边放了一副棺材，他就下车去看，那个老农民说因为太穷了，没钱治病，就把自己的棺材板拿出来卖。这个老人就给了他五百块钱

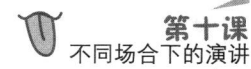

让他回家。他说我讲这个故事给你听是要告诉你,中国大地上的事情是无穷无尽的,不要在乎一城一池的得失,要执着。这个人叫温家宝,中华人民共和国总理。

一个国家是由一个个具体的人构成的,她由这些人创造,并且决定。只有一个国家拥有那些能够寻求真理的人,能够独立思考的人,能够记录真实的人,能够不计利害为这片土地付出的人,能够去捍卫自己宪法权利的人,能够知道世界并不完美但仍然不言乏力、不言放弃的人。只有一个国家拥有这样的头脑和灵魂,我们才能说我们为祖国骄傲。只有一个国家能够尊重这样的头脑和灵魂,我们才能说我们有信心让明天更好。

这是柴静参加 2009 年北京记者协会演讲比赛时的演讲稿,在此次比赛中她获得了特等奖。柴静的演讲前后不过五分钟,平淡却让人热血沸腾,内容引人深思。通篇讲了四个故事,真人真事。由个人引申到国家,不会让人觉得突兀,整个演讲稿自然流畅,震撼人心。

参加演讲比赛,大多是特定的主题,如果每个人都从网上寻找案例,过于雷同,那演讲也就变得没有意义了。现如今,学校里越来越重视学生的口才培养,如辩论赛、演讲比赛,这些都能很好地锻炼同学的口才。同学在参加演讲比赛时,只要掌握一定技巧,便能从容面对比赛。

演讲稿的准备

曾经看过一场演讲比赛,大部分人都觉得某大学的一位女生可以获得第一名,最后她却只得了第二名。赛后,一位资深评委给出了答案。获得第一名的学生,主要赢在了演讲稿的准备上。

这位学生的演讲并没有多么慷慨激昂，但他所列举的例子却是最恰当的，也有一定的代表性，与生活契合，这让他的演讲最为丰满。他所列举的例子都是身边发生的事，再加上语言的修饰，就变得更加生动了。或许他的表达不是最精彩的，但演讲稿的精彩让他赢得了第一名。

一些同学在准备演讲稿时，会直接从网上下载故事、案例，虽然是真实的案例，但总给人一种空洞感，这样的演讲稿是很难打动听众的。一份好的演讲稿，是有血有肉的，内容生动、真实，才能震撼听众，感染听众。

反复练习

演讲比赛对时间是有限定的。在有限的时间里将自己所要表达的东西正确、从容地表达出来，这就需要演讲者反复练习。一位出色的歌唱家也并非只是简单地记住歌词就能将歌唱好，换句话说，一位出色的演讲者也并非单纯地熟记演讲稿就能将演讲出色完成。在熟记演讲稿的基础上，反复练习，不断调整语速、语调，才能让演讲达到预期的效果。

用真实的声音

一些同学认为演讲与平时说话完全不同，其实恰恰相反，演讲一定要使用真实的声音，不然会让听众觉得你很做作。真正的演讲就是在平常说话的基础上，用最真实的情感表达出来。有些同学为了让演讲显得激荡人心，在本不应加声调的地方也加入声调，这样就会让听众觉得很刻意。优秀的演讲者在讲话时从来不拖泥带水，声随意变，在适当时机加入抑扬顿挫的表达，便会使演讲引人入胜，无比生动。

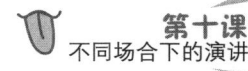

把握好声调、节奏

在演讲中,声音会随着演讲内容而发生变化,这里需要注意的是,把握好抒情的节奏。之前,我们说用自己的声音,声线保持不变,并不是说整个演讲过程都以平铺直叙的形式进行,主要是指用自己平时说话的声音对待演讲。一场演讲,如果语调没有任何起伏,必然平淡无奇,那谈何吸引听众?一个优秀的演讲者必然懂得如何过渡。只有把握好节奏的变化,自然过渡,演讲才能妙趣横生。

非语言应用

演讲就是"演"与"讲"的结合,除了用嘴巴,身体的其他部位也要调动起来,如眼神、手势、站姿等,这些都能为你的演讲加分。好的肢体语言会给评委留下好的印象,做好非语言的应用,会成就一场精彩的演讲。试想一下,如果你干巴巴地站在台上,将自己的演讲稿背诵下来,评委会是什么感想?即便你的演讲稿写得再精彩,在表达上,评委也会扣分的。在演讲中适当加入肢体语言,会让你的演讲更有生命力。

我来试试看

参加一次班级的演讲比赛,充分准备,领会演讲比赛的要点。

自我介绍

阶梯目标

掌握自我介绍的方法与技巧，克服羞怯心理，在同学面前自然、大方地自我介绍，以达到在不同场合下都能恰当自如介绍自己的目的。

1990年，中央电视台春节联欢晚会请来了台湾影视歌三栖艺人——凌峰。在主持人赵忠祥的介绍下，凌峰先是跑上台，手拿话筒，又跑下台说："我觉得90年代，海峡两岸的距离应该拉近点。"接着台下一片叫好声、掌声。

接着，凌峰开始自我介绍：

在下凌峰，我和文章不一样，虽然我们都得过"金钟奖"和"最佳男歌星"称号。但是，我是以长得难看而出名的。两年多来，我们在大江南北走了一趟，拍摄了《八千里路云和月》，所到之处，观众给了我们很多的支持，尤其是男观众对我的印象特别好。因为

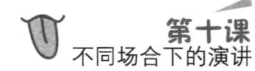

他们认为本人长得很中国。中国五千年的沧桑和苦难写在我的脸上。一般来说,女观众对我的印象不太良好,有的女人对我的长相到了忍无可忍的地步,她们认为我脸比黄花瘦,皮比煤球黑。但是,我要特别声明,这不是我的错,实在是父母的错误,当初没经过我的同意就把我生成这个样子……

凌峰两分钟的自我介绍,妙趣横生,笑点不断,不仅让人记住了他的名字,职业,更让人记住了他所拍摄的电视系列片……诙谐幽默的话语在无形中拉近了与观众的距离。

同学不可避免会遇到自我介绍。如何在短时间里吸引听众的注意,将最好的自己呈现出来,对同学来讲是个很大的挑战。一段好的自我介绍犹如一块敲门砖,会给你带来难得的机遇。

简明扼要

自我介绍在演讲中所占比例相当少,或许只是简短的几句话,但千万不要小看了这几句话的分量,这几句话直接影响听众接下来的情绪。自我介绍不是让你做简历,没必要将自己的履历从头到尾讲一遍,这很难给听众留下好印象,还会让听众觉得你啰唆。说不定等你讲完了后面的,听众将前面的内容已经忘得差不多了。自我介绍需使用精练的语言展现自己的闪光点。如这样一段自我介绍:"我叫林竹,一个在竹林里长大的女孩。我喜欢竹子,不仅仅是因为它有着顽强的生命力,更在于它虚怀若谷、柔中带刚的品格,这不正是我们需要学习的吗?"

调侃名字

调侃名字,类似于自嘲,这样的自我介绍,会使现场气氛变

得轻松自在，使听众倍感亲切。同学在自我介绍时，可以从自己的名字入手。如果名字有特别的寓意或谐音较为特别，都可以用于自我介绍中。例如，胡适曾有一段这样的自我介绍："我今天不是来向诸君做报告的，我是来'胡说'的，因为我姓胡。"简简单单的一句话，博得听众掌声一片，在活跃气氛的同时，也拉近了与听众的距离。

特长展示

在一些特定的演讲场合可以通过特长展示来自我介绍，如唱首歌跳一段舞或表演口技之类，都可以给听众耳目一新的感觉。

我来试试看

找一位陌生的同学去认识，进行一次自我介绍。

扫码观看精彩视频

班会上的发言

阶梯目标

正确认识班会上的演讲,通过班会发言来让同学们重新认识自己,达到交流的目的。

班会主题没有特定的限制,可以是交流学习,可以是增进班级同学之间的了解,也可以是讨论某件事……下面是某班的主题班会:

每个班都是个小团体,而每个班里的同学又会因兴趣、性格等原因自发组成小小团体。近段时间,某个班级出现了小团体排挤同学的现象,而且情况越来越严重。就此,班主任决定开个班会,促进同学之间的友谊。

班主任将班会交由班长主持,班主任及各任课老师旁听。

班会开始,班长走上讲台,说:"同学们,每个班级都是一个大家庭，同学之间应如兄弟姐妹一般，俗话说得好，家和万事兴。可是，最近我们班上却出现了一种很不好的现象，一些同学喜欢搞小团体。他们每个人都喜欢和各自小团体里的人打交道，其他同学完全参与不进去，甚至还有孤立其他同学的现象。而这种现象已经严重影响到了我们班的班风、班纪，今天这次班会的主题就是'信任'。下面我们来做一个活动，活动名字叫'你是我的眼'，活动的主要目的在于，让同学们体验到互帮互助，关心他人的意义。规则是，两人一组，一个人扮演盲人，一个人扮演指路人，从教室前面走到后面，中间会设置路障，看哪组同学用时最少。下面来进行分组。"

分组完毕，活动开始。当活动结束后，同学们回到座位。

班长说："下面请同学们来谈谈这次活动给你带来的启发。"

A同学："我在这次活动中扮演的是盲人，指路人就是我的眼睛，如果没有他，我肯定会碰到各种障碍，也无法顺利到达终点。所以，我认为同学之间应该互相帮助，这样才能共同进步。"

B同学："在这次活动中我扮演的是指路人，在这之前我一直觉得欺负别人、嘲弄别人才能获得最大的快乐。可是，这次我有了不一样的体验，帮助别人的感觉其实很好。"

C同学："我扮演的是盲人，当戴上眼罩后，我什么也看不到，那种感觉很无助。但当我的同伴耐心地给我指路时，我安心多了。我觉得有个人在身边帮忙，感觉真好。"

D同学："我扮演指路人的时候，我感觉到我的同伴给予了我最大的信任，那时我就告诉自己，我的责任就是安全将他带到终点。我觉得同学与同学之间的相处应该就是这样：相互扶持、相互信任。"

……

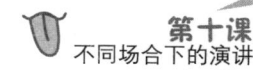

最后,班主任做总结性发言:"大家说得非常好,同学之间就应该相互帮助、相互关心、相互信任、相互尊重……建立良好的人际关系,不但可以给别人带来快乐,自己也能从中得到快乐。希望同学们能记住这种感觉,将在此次活动中学到的东西带到实际的生活、学习中来。让我们的氛围更加温馨。"

班会是每个人求学路上都会经历的,你不能仅仅是旁观者,你也是参与者,班会上的发言不是毫无头绪的几句话,这也是需要良好的口才去帮你完成的。班会的主题各异,要想在班会上得到认可,需要注意以下几点。

紧扣主题

通常情况下,班会都有一个主题,在发言的时候,要围绕主题进行,否则,发言就没有意义了。在发言的时候,加入自己的感想,从中学到了什么,今后该如何做。就如上述例子中同学们的发言,从活动中明白了"助人为乐"的道理,每个人都说出了自己的感受。语言自然流畅,真情实感的流露更吸引人。

清晰脉络

班会上的发言较为随性,但也要注意,一个人在任何时候讲话,脉络清晰都是最基本的要求。开口之前先理一下说话的次序,重要的内容要先说,不重要的内容放在后面。如果你要讲述的是一件事情,就要把这件事情的原因和结果交代清楚。这样别人才会明白你要表达的意思。相反,如果你东一句、西一句,或者没完没了地扯一些与主题不相关的内容,只会让人如堕五里雾中,抓不住你发言的关键点。

我来试试看

在班会中,争取机会发言一次,运用以上思路技巧,展现自己的魅力。

即兴演讲

阶梯目标

全面了解即兴演讲,掌握即兴演讲的技巧,在没有文稿,没有准备的情况下也能找到话题。

即兴演讲对一个人的综合素质要求颇高,演讲者通常是在演讲前一天或是几个小时前才获知演讲范围,没有演讲稿,更没有充分的准备时间。

下面我们来看一下白岩松在江西财经大学的一场即兴演讲:

各位财大的同学,下午好!我基本上算是被"绑架"来的,因为这并不在我的南昌计划当中。

看到这个场面,就想起了自己的大学生涯……大学里要去珍惜、维系和发展那种一辈子很难遇到的集体的友情……大学里要锤炼自己非常坚强的心理素养……大学里要学会用自己的脑子开始思维,而不是别人说是我就是,别人说不是我就不是……最后我想说的是,我知道现在很多人在探讨说现在年轻人不容易等,我非常理解,全社会应该关爱你们,但是,不必溺爱。我想反问的是,有哪一代的青春是容易的呢?青春有一些重要的特质,敢于犯错误,敢于尝试。你们有大把大把的时间可以改正错误,到了我们这个年龄就不敢了,给你改正错误的时间越来越少……去放大青春中那些最美好的东西,去享受这个日子,把平淡的日子往幸福那儿靠,所以,我期待你们的将来,谢谢各位!

白岩松的整个演讲一气呵成,主题鲜明、自然连贯,时而幽默,时而激情四射,所运用的语言通俗易懂。富有亲和力的演讲博得了学子们的满堂喝彩。

即兴演讲不仅需要很强的心理素质,对一个人的文化素养也要求颇高。对于同学来讲,要从容面对即兴演讲,就需要注意以下几个要点:

第一,心绪平稳。同学在面对即兴演讲时,紧张是在所难免的。很多同学站在台上,说两句话就"呃~呃~"似乎在想接下来该怎么说。其实,可以试着将"呃~"换成一两秒的停顿。面对紧张的情绪,可以试着在上台前深呼吸,闭目养神,还可以做双手紧握、放松的动作,以此来散发身体热量。在讲话前为自己准备一杯水,不仅润喉,还有利于情绪的稳定。

第二,打腹稿。利用上台前的一段时间,理清思路,构思腹稿,做到心中有数。对于不明白的事情不可以装内行,争议性的话题不要谈论。

第三,语言简洁。即兴演讲一般没有提前预演,有点"赶鸭子上架"的感觉,此时,语言越简练越好,言简意赅,点到为止,达

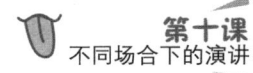

到渲染主题的效果即可。

我来试试看

就今天的所见所闻或是随意想一个话题,在没有演讲稿的前提下,在家人面前即兴演讲一次。

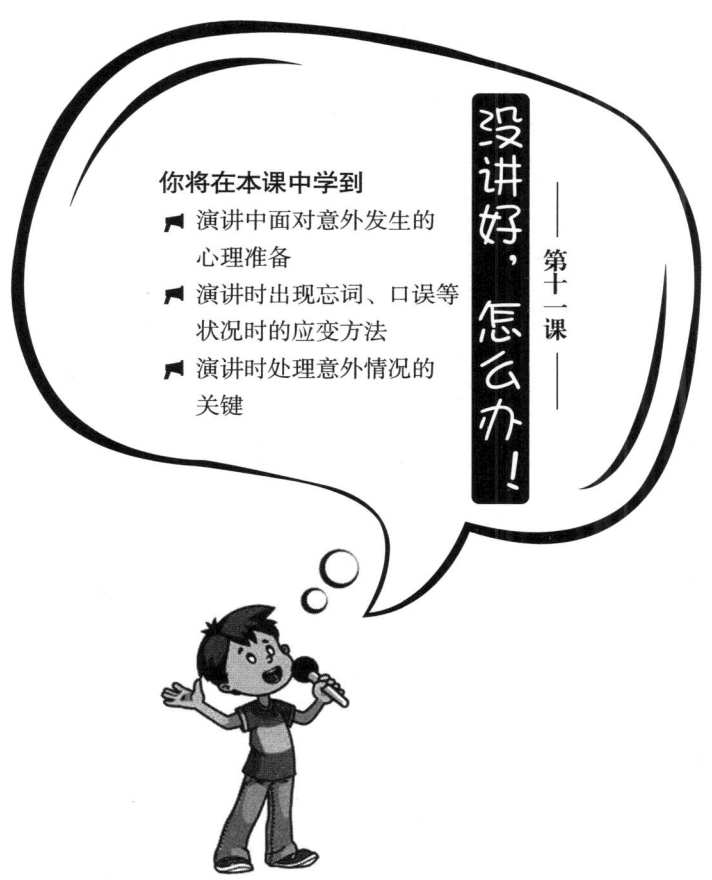

第十一课

没讲好,怎么办!

你将在本课中学到
- 演讲中面对意外发生的心理准备
- 演讲时出现忘词、口误等状况时的应变方法
- 演讲时处理意外情况的关键

关键词: 突发状况 忘词 口误 听众挑衅 意外中断

演讲中有突发状况很正常

阶梯目标

学习如何补救演讲现场的突发状况，以此来把控全场。在面对突发状况时，仍然可以快速调整心态与演讲节奏，使演讲顺利完成。

某位演讲者的主题与"慈善"有关，这是一个露天的大型演讲。当演讲进行到一半时，天空突然下起了毛毛细雨，台下的听众有些骚动，有的已经找到了避雨港，有的似乎早有准备，将伞打了起来……

很多人都认为，这场演讲要在这场雨中中断了，只见演讲者不慌不忙地说："大家看看，连老天都被我们的善心感动了……"听众躲雨的脚步停下了。很神奇，没过几分钟雨停了。这位演讲者说："看来老天爷真的不想让大家走啊……"台下报以热烈的掌声，演讲继续，直至圆满结束。

这场演讲因天气而受到干扰，演讲者并没有慌张，而是借天气呼应主题，巧妙化解了这场干扰，让听众的注意力不被下雨影响。

演讲是以表演形式出现的，也就是说不管你如何努力，将细节考虑得多么周到，也难免会有出人意料的事发生。如来自外界的干扰、设备的不完善……而且，面对那么多听众，同学会产生紧张感也在所难免，忘词、说错都有可能发生。

同学要明白一个道理，超强的现场应变能力是演讲必不可少的。否则，无论你准备得多充分，一个小小的"意外"都会让你的演讲功亏一篑。因此，同学要不断总结经验，培养自己的应变能力，让自己的补救更有效。其实，演讲中有突发状况很正常，只要掌握一定的应对技巧，便可迎刃而解。

告诉自己：适应状况

当演讲中出现突发状况，演讲者往往会处于被动状态。有经验的演讲者此时会选择化被动为主动，他们会提醒自己：去适应现在的状况。一些刚刚接触演讲的同学，本身上台就紧张，如果再发生突发状况，肯定会影响演讲效果。其实，很多突发状况对演讲并不会造成太大的影响，往往都是自己将紧张扩大化了。当发生突发状况时，同学可以学着适应。例如，在演讲过程中，突然电闪雷鸣，你可以提高声音来吸引听众的注意力。

增减内容

在演讲中如果出现时间问题，如因为某些不可抗拒的因素，演讲要提前结束，一些没有经验的演讲者往往会手足无措，担心内容不能很好地呈现而影响演讲效果。其实，站在演讲台上的演讲者大多对演讲稿都非常熟悉，你可以在不影响演讲效果的情况下，减掉

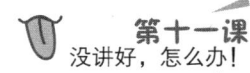

不重要的内容,将客套话等都省略。这样既可以在规定时间内完成演讲,又可以保证演讲的质量不受影响。

我来试试看

在亲朋面前演讲,事先与他们说明,让他们给你随机制造一些小"状况",然后去应对。

万全准备，以防"不测"

阶梯目标

掌握演讲中预防"不测"准备的要点，以及演讲充分准备的重要性。

陈先生周五要去某地演讲，他是个对自我要求很高的人，演讲稿已熟记于心，还特意去演讲的地方看了一下。他明白，演讲中什么都有可能发生，所以，要做好万全准备，以防"不测"。演讲时间到了，从开场到演讲中途都很顺利，没有忘词，时间也卡得刚刚好，可在演讲快要接近尾声的时候，还是发生了意外。

陈先生的演讲题目是"语言的力量"，他说道："不管是在生活中还是工作中，无论是面对自己的亲人，还是陌生人，都要慎言，因为，语言的力量是无穷的。"他的话音刚落，一位青年站了起来，他说："我不觉得语言有那么大的力量，当我说开心的时候，我其实并不觉得快乐。当我说不幸的时候，我也不会因此遇到倒霉的事

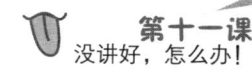
第十一课
没讲好，怎么办！

情。在我看来，语言不过是一种交流工具罢了，没有什么力量可言……"此时，台下已有部分听众响应了青年的发言，场面有些混乱。由此可见，这位青年的观点具有一定的代表性（陈先生此时是有些庆幸的，因为在演讲前他就考虑过这个问题）。

"你这个傻瓜！"陈先生突然大声说道。

此时，台下突然安静了下来，大家不可思议地看着陈先生。这位青年也是大为震惊，等他反应过来，便异常生气地说："你才是个傻瓜，你……"陈先生并未接话，而是用诚恳的语气说："很抱歉，刚才我的情绪失控了，希望您能接受我真诚的歉意。"青年听完陈先生的话，怒气渐消。

此时台下的听众充满了好奇，陈先生看着台下的听众，沉默了几秒钟，他开口道："对于刚才的一幕，大家有何感想？我只是说了一句'傻瓜'，这位青年就怒不可遏，而后来我又说了一句话，就消除了他的怒气。这说明了什么？这就说明了语言的力量是无穷的。一句话，如利剑般可穿透人心，让人受伤；一句话，如春风般可抚慰人心，让人舒心。这，就是语言的魅力与威力。"说完，台下掌声响起。

陈先生看似出其不意的反击，实则是做了万全的准备。试想一下，如果陈先生对青年的观点置之不理会怎样？我想，场面会在一定程度上失控的。还有，如果陈先生以强硬态度反驳呢？那么，对后面的演讲会有极大的不利影响。

当然，很多同学会说："我们又不是预言家，怎么会料到演讲现场会发生什么事呢？"的确，陈先生或许是幸运的，刚好猜到了问题。可是，也不能否认陈先生的细致准备。演讲一旦开始，就不能喊停，你不能讲了一会儿，觉得讲得不好，然后对听众说："刚

才讲得不好,我们从头再来。"所以说,演讲前做好万全准备非常有必要,有准备便能沉着以对。演讲现场所有的状况对演讲者都是一个很大的挑战,其实,同学只要掌握一定的技巧,做好准备,便能从容应对听众的各种反应。

充足的睡眠

演讲是一件很费神的事,很多演讲者在演讲前都会因为紧张而睡不着。一些同学因为经验不足,从开始准备直到演讲前都处于精神高度紧张的状态,担心自己讲不好,担心听众不热情……于是,熬夜对演讲者来说就成了常态。其实,只要准备充足,很多担心都是多余的。在演讲前保证充足的睡眠是很重要的。这就好比要参加重大考试的考生,在考试前熬夜苦读,本以为"临时抱佛脚"可以起到很好的作用,却因为没有睡好,导致考试的时候精神状态不佳,没有发挥出最佳水平。演讲亦是如此,只有保证充足的睡眠,才能保证头脑的清醒,在演讲时才能精神饱满,使演讲达到最佳状态。

保护嗓子

演讲中,说话要占很大的比例。听众也会因为演讲者的声音而喜欢上演讲的内容,如果你的声音沙哑、不圆润,听众是很难对演讲提起兴趣的。因此,在演讲前一定要保护好嗓子,多喝水,多吃些水果,让嗓子有充分的休息时间,这样才能保证声音圆润、清晰;也可以在讲台不起眼的地方放一瓶水,以便润嗓子。

多演练

在时间充足的情况下,找熟识或是有经验的人试听,可以及时

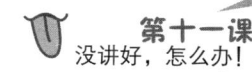

发现问题并解决问题。多演练,可以很好地把控时间,将"不测"降到最低。同学们熟悉演讲稿的过程,也是学习、改进的过程。多模拟,培养自己的熟悉感,到演讲时就不至于太紧张。

我来试试看

精心准备一场演讲,将可能出现的问题罗列出来,演讲完结,听取意见,看是否有自己考虑不周的地方。

扫码观看精彩视频

忘词：淡定从容来应对

阶梯目标

掌握应对演讲忘词的技巧，从容面对演讲。即便意外卡壳，也能让演讲顺利进行下去。

有一位学生关于"奋斗"的主题演讲：

这位学生讲道："人的一生是不断奋斗的过程，面对阻碍，我们是该迎难而上，还是另辟蹊径？"此时，这位学生语调深沉，情绪饱满，可就在此时，他觉得自己脑子里一片空白，不知道接下来该说什么，有些紧张。但他很快稳定心神，微微一笑，语速渐缓。"其实对于这个问题，我也感到很茫然，有时我也不知该如何选择。在上台之前，我还在想：如果真遇到困难了，我是前进呢，还是转弯呢？所以，在此我想听听在座同学们的想法。"这位学生的一席话，激起了听众的好奇心，每个人都在思考着这个问题。这位学生走下台，将话筒递给了一位想要发言的听众……在这个过程中，这

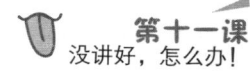

第十一课 没讲好，怎么办!

位学生已经想起了演讲稿后面的内容，他巧妙地将话题引到了接下来要讲的内容上。演讲结束，听众报以热烈的掌声。

忘词最忌讳的就是方寸大乱，放弃演讲，当然，也不可乱讲。故事中的演讲者就处理得很好，在忘词后并未自乱阵脚，他从容应对，用提问的方式给自己争取时间，不仅活跃了现场气氛，还使此环节成为演讲的一个亮点。

同学在演讲中，忘词是很常见的。不可否认，演讲前，即便你可以将演讲稿倒背如流，在演讲中还是有可能出现忘词的情况。这就如同考试一样，看着试题明明很熟悉，但就是想不起答案。此时，如果过于着急，死盯着这道题，大脑就越是不听使唤，还会影响后面的发挥。相反，静下心来，先将会做的做完，再回过头来想，往往能很快想出来。

突然忘词，对于演讲者来讲，是不愿也不可避免的事。但演讲者如果可以从容应对，即兴发挥，便可巧妙救场，或许还能使演讲超乎想象的精彩。

放缓语速

演讲，尤其是脱稿演讲，出现忘词也是常有的事。即便准备充分，将演讲稿熟记于心，可是，终会有意外发生。当出现忘词的情况时，可以放缓语速，重复一遍，努力回想接下来的内容，使演讲得以顺利进行。

提出问题

忘词的时候可以将问题抛给听众，既调动了现场气氛，又给了自己思考的时间。在日常生活中，我们也遇到过类似的情况，当自

己词穷时，说一句"你觉得呢？"将问题抛给对方，在对方回答的时候，思考自己接下来该说什么，或者在对方的话里升华自己要讲的内容，使主题更突出，内容更精彩。

思维跳跃

当忘词时，可以先将没有忘的内容讲出来，如果在讲的过程中想起了之前漏掉的内容，可以加以补充。比如你可以说："在这里，还需要注意的是……"或者，本来应该说五个要点，讲到第四点时突然忘了，就可以先讲第五点，然后再讲第四点，这是完全可以的。

忽略不计

有些同学在忘词时就会紧张，脑子里努力回想要讲的内容，可是，越着急就越想不起来，越想不起来就越着急，形成恶性循环。其实，如果忘掉的内容不是特别重要，是可以忽略不计的，不着痕迹地忽略，继续往下讲，因为听众完全不知道你接下来要讲什么内容。不重要的一句话或一个段落，忘记就忘记吧，总比傻站在台上要好很多。

我来试试看

脱稿演讲一次，在忘词时，运用相关技巧化解。

口误：变口误为话题

阶梯目标

学习如何应对演讲中的口误，把握要点，使自己在口误的情况下扭转局面。

高考倒计时，某班级里，正在进行一场演讲。

只见一位穿着干净校服的学生站在讲台上，台下的同学听得聚精会神。演讲接近尾声，这位学生说："同学们，再有一个月我们就要毕业了……"台下笑声一片，此时，他才意识到自己口误，将时间说错了。他并未慌张，说道："我知道离毕业还有两个月的时间，前面之所以说一个月，是希望同学们与我一样，将这两个月的时间当作一个月来珍惜，因为这样，才会有紧迫感，对待学习才会更认真。大家说，对吗？""对！"台下的同学们异口同声喊着。"最后，预祝大家都能考上理想的大学，谢谢大家。"演讲结束，同学们报以热烈的掌声。

这位同学在演讲过程中出现了口误,可是,他并未慌张,而是即兴发挥,将口误变成了话题,赢得了掌声。讲错话是很正常的一件事,尤其是在演讲中,面对那么多听众,一不留神说错话也在情理之中。那在演讲中讲错了该怎么办呢?

对于同学来说,此时最需要做的就是保持镇定,如果是原则性的错误,就要及时更正;如果是可以忽略不计的错误,便可即兴发挥,巧妙掩饰过去。

当场纠正

演讲中说错话并不是十分严重的问题,同学不必因此而紧张,使得自己犯下更大的错误。一些经验不足的演讲者说错话,被听众指出后,便紧张了,卡壳了,接下来要么被迫终止演讲,要么演讲超时,这些都不是最好的解决办法。出现口误,首先不能因为听众的起哄而慌乱,甚至可以当场纠正。如你可以从容地说:"这位同学说得没错,应该是……谢谢提醒。"这样讲的话不仅纠正了错误,还表达了自己的真诚,这样,听众便不会抓着你的错处不放了。

将错就错

演讲会受到来自各方面的制约,可能来自于自己,也可能来自于听众。可是,不管来自于哪一方面,一旦受到干扰,就有可能在语言表达上出现差错,进而使自己陷入尴尬境地。此时,不妨将错就错,即兴发挥,可达到意想不到的效果。

自圆其说

同学在面对意想不到的口误时,要保持镇定,本着对演讲负责

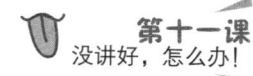

的态度,发挥自己的应变能力,化尴尬为掌声。一位演讲者本应说"醇醇的酒、浓浓的情……"可是一开口先说了"酒",漏掉了"醇醇的",灵机一动,便将错就错,改成了"酒,醇醇的……"这一妙改化解了一场尴尬。

反问改错

同学们在意识到自己讲错时,可以在语意、语气上进行适当调整,便可不着痕迹地达到更改错误的效果。例如,一位纪律委员在台上说:"上课迟到、早退,作业懈怠、拖沓,这些都是违反纪律的行为,我们允许这些行为的存在……"他稍稍停顿了一下,接着说:"就等于无视班级荣誉,大家说,我们能这样做吗?"纪律委员的应变能力是不错的,他将"绝不允许"说成了"允许",便马上根据语言的思路,调整语调,用一个反问句结束。从某种程度上来讲,使警示性更强。

我来试试看

脱稿演讲一次,勇敢地去说,出现口误时,运用技巧化解。

听众挑衅：正确处理是关键

阶梯目标

掌握正确处理听众挑衅的关键要素，学会处理演讲中的各种意外，让自己在面对听众挑衅时仍能镇定自若。

马云站在《开讲啦》的舞台，一位青年站起来说："马总，您不要扯别的，我不要价值观，我只要赚钱，告诉我怎么做？我想和您一样富有。"青年刚说完，马云很快反应过来，说："我都理解，我也想过这样的，别瞎扯了，告诉我怎么挣钱吧。我们都这么过来的，你信不信？我创业，从阿里巴巴创业，1999年到现在为止，我没有一个月拿过工资。我从来没碰过钱，我对钱没有兴趣，因为我最快乐的时候是一个月拿91块钱，我当老师的时候。那时候我每个月省钱，我知道再熬几个月，我可以买个自行车，现在我没有这个需求，也不需要担心，我干吗要担心钱，可能钱对我来讲就是个资源，拿这个钱，钱越多你要做的事情越多。有人说中国首富，这

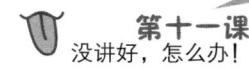

个富是负责的'负'。走过以后才知道,你如果没有正确的思想,没有正确的方法,没有跟最优秀的人在一起,没有个持久的努力,你是不可能成功的。就像我想成为世界拳击冠军,但我不想起早,不想训练。我训练的目的不是为了当冠军,是让自己成为一个好的拳手。你说我又不想起早,我也不想锻炼,但我就想当世界冠军,不可能的……"马云说完,台下笑声、掌声一片。

面对青年略带挑衅的提问,马云没有轻视,也没有敷衍,而是很认真地回答。没有炫耀自己如何如何厉害,如何能赚那么多钱,而是从另一个角度讲:不努力是不可能成功的。他的话打动了听众。

同学们在演讲过程中难免会遇到类似的事,无论是听众故意刁难,还是真的想要解惑,这都极大地考验了演讲者的处事能力,因为你事先无法料到听众会做什么。一些同学因经验不足或是对一些言语挑衅没有承受能力,选择沉默或是情绪激动的反击,这些都会让现场气氛变得紧张起来。面对听众的挑衅,同学要学会正确处理,既不能愤怒反击,也不能一板一眼斥责,运用一定的方法技巧便能巧妙回击,保证演讲顺利进行。

将计就计

演讲中碰到个别听众刁难是很常见的,一味沉默并非最好的解决办法。一位优秀的演讲者会用自己的机智来巧妙反击,既给足了刁难者面子,又不至于让自己陷入尴尬境地。对于听众的恶意挑衅,演讲者不妨将计就计。

一位演讲者在听众提问环节遭到了一位听众的恶意挑衅。演讲者对听众的问题是有问必答,且都得到了听众的认可,现场气氛热烈。

此时，演讲者收到了一个纸条，展开一看，上面写着"神经病"三个字。此时，演讲者心想：如果对纸条置之不理，听众必定充满好奇；如果斥责，既显得自己没风度，又影响演讲的效果。于是，演讲者将计就计，只见他举起纸条，笑着说："其他听众都是提出问题，没有署名，看看这位听众，只留了名字，却忘记了问问题。"演讲者说完，台下掌声一片。机智幽默的反击，让挑衅者自取其辱。

避免争论

在演讲中，难免出现与自己观点不一致的听众，当听众提出质疑时，演讲者不可大肆争论。这毕竟不是辩论赛，即便你与听众争赢了，听众会服气吗？还会让现场气氛变得紧张。通常情况下，如果听众问的问题与主题无关，你可以直说："对不起，这个问题与演讲无关，为了不耽误大家的时间，我们可以演讲结束后再讨论。"

保持冷静

面对挑衅，尤其是恶意挑衅，相信很多人都难以接受。方式不对，很容易激化矛盾，演讲必定受到影响。在公众场合，面对那么多听众，如果听众挑衅，首先要做的就是提醒自己，要保持冷静。冷静的头脑有利于自己正确处理问题。

我来试试看

准备一场演讲，请熟识的朋友来听，在演讲过程中，设置提问环节，让朋友随便提问，以锻炼自己的应变能力。事后，询问朋友对于回答有何意见。

意外中断：不慌不忙去面对

阶梯目标

掌握演讲中意外中断的处理技巧，通过学习如何应对演讲中的意外，提高自己的应变能力。

一位演讲者经过几天的准备，来到了某学校的演讲台，他面带笑容走到了台上，开始了演讲。

因为准备充分，话题新颖，所以演讲很受欢迎，听众在台下听得津津有味。到了展示幻灯片的时候，正当同学们被精心制作的幻灯片所吸引时，礼堂的电却断了。于是，幻灯片没有了，礼堂里只有微弱的光。演讲被迫中断，台下已经开始骚动。有听众站起来，伸长脑袋想看看发生了什么事。还有的听众发出怪声，有人随之起哄。现场变得有些混乱了。

此时，这位演讲者不慌不忙地走到台前，他说："看来我们学校是忘了交电费啊。"说完台下笑声一片，同学们也都坐回了自己的座位上,并没有随意走动。不到两分钟的时间,礼堂重新亮了起来。演讲继续,并未受到停电的任何影响。

在演讲过程中,因为意外而中断的现象时有发现,这位演讲者很机智、冷静地进行了处理,幽默的话语让台下保持了原有的秩序。虽然只停了短短的两分钟电,可是,一旦学生哄闹起来,演讲者便要花更多的时间去让他们安静下来,并将其引入演讲主题。但此时演讲效果已经大打折扣了。

同学们在面对演讲意外中断时,首先要提醒自己不能慌,然后用最恰当的方式去应对,让演讲不受影响。这对于同学来说,是个较大的考验,但只要掌握一些应对技巧,便能将影响降到最低。

保持镇静

演讲意外中断,这是演讲者都较为担心的问题,一些经验不足的演讲者遇到这种情况会感到紧张,进而忘了该作何反应。人在紧张状态下,往往会做出错误的决定。每一次演讲都是一个难得的机会,如果因紧张而使演讲无法达到预期,事后一定会后悔。所以,面对意外中断的演讲,要努力提醒自己:不能慌、不能乱。针对不同情况,做出相应的反应。例如,某听众的手机响了,你可以说:"这位朋友的来电音乐很好听,不过,我觉得演讲结束后再听会比较好。"这样既显示了自己的宽容,又给足了那位听众面子。

置之不理

演讲中,有些意外是无须在意的。例如,在演讲过程中,一位听众不小心将凳子绊倒了,发出很大的响声。此时,演讲者可以忽略不计,继续自己的演讲。很多意外与演讲其实并无实质性关系,

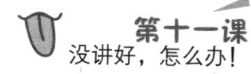

过于纠结反而使演讲陷入更加尴尬的境地。

巧用幽默

幽默能在短时间内拉近彼此的距离，当突发状况发生时，可以适时地运用幽默来缓解现场的气氛。如在演讲过程中，耳麦出现了问题，你可以说："台下那么多人对我的演讲都没意见，你倒发起脾气来了。看来只能用我原生态的声音了，幸好上台前喝了一大杯水润嗓子……"风趣的语言，缓解了耳麦坏了的尴尬，也让听众感受到了你的机智。

我来试试看

在朋友面前进行一次演讲，事先告诉朋友，在演讲过程中随意的时间点制造一些意外中断，如停电、话筒没声、突然来人等，然后根据不同的情况进行处理。

青少年领袖特训营

在这个竞争日益激烈的社会，你是否为自己的孩子的将来感到担忧？你是否还在以一个高学历来规划孩子的未来？你是否还在让孩子上各种补习班来增强竞争力？

如果是，那么你就 out 了，你的孩子就输在了起跑线上。新时代的社会更注重的是复合型人才，更注重的是品德兼修。

彭博汇青少年领袖特训营让孩子在边学边玩当中收获成长和突破，让全面成长养成习惯。从优秀到卓越，少年强，则家幸福，则国富强。

课程信息

课程时间：2017 年 7 月 27 日—7 月 30 日（四天四晚）

课程对象：6 至 18 岁青少年

课程地点：湖北武汉

课程性质：互动感受、活动体验

课程价格：原价 19800 元 / 人，现只收 10800 元 / 人（新生含食宿费、会务费、书本费、服装费）

彭博汇青少年领袖特训营通过学习演讲+游戏互动+实战演练，让您的孩子通过四天四晚边学边玩的模式，即将收获：

自信勇敢 / 激情活力

领导能力 / 责任担当

公众演讲 / 口才说服

感恩孝敬 / 理解宽容

抗压能力 / 思维创新

自理自强 / 独立自主

学员用品准备

1. 请家长给参训的孩子随身携带两本他们平时喜欢阅读的书刊杂志或书籍（因为课程活动中会被裁剪当道具用，所以此物件无法带回）。

2. 武汉平均气温在 20 度到 35 度左右，室内外温差大，可带夏季衣物（加外套、皮带）。

3. 常用的生活用品（洗漱用品，衣物等）。

4. 布鞋一双（配学生装使用）、运动鞋两双，准备两套夏天运动装（参加活动训练的时候使用）。

5. 请事先安排好孩子及家长往返机票或车票。

温馨提醒家长

1. 建议不需要给孩子太多的零用钱（课间有点心、水果、牛奶，用餐时间都是丰富餐食，周边无商场）；

2. 课程期间不要给孩子携带游戏机之类的电玩产品；

3. 家长的课程时间为 7 月 30—30 日，课程需父母两人共同参加，才能给孩子带来同步的学习氛围和环境，有助于孩子成长进步；

4. 家长报到时间为 7 月 30 日 08：00，因为将在课程中给孩子一份惊喜，所以来的行程请对孩子暂时保密，另外来的时候请给孩子准备一份礼物。

彭博汇文化艺术传播有限公司会务组宣

2017 年 3 月 29 日

王牌父母

你今天的生活质量，你今天的生活水平，完全取决于你三五年前做了一个什么决定！你今天的一个选择不仅直接决定你三五年乃至今后的幸福生活，甚至还关系到你的家庭、你的孩子的成长与幸福！加入我们，解读人生幸福圆满的秘诀钥匙，就在你手中……

课程内容：

认识自我（解开沟通认知新自我）
老板如何提升和放大自己的格局、境界和修为？
人性到底是什么？如何解码人性，读懂人心？
如何一开口就能让人信服，让人心生愉悦？
如何一句话解决夫妻关系，孩子之间的矛盾？
如何做一个孩子眼中的榜样父母？

经营家庭（夫妻相处之道）
家族兴旺的核心命脉到底是什么？
智慧女人的五大标准是什么？
如何做一个会"笑"的女人旺整个家族？

教育孩子（如何培养孩子）
父母如何成为孩子的榜样？
孩子为什么叛逆？如何解决孩子的叛逆？
如何彻底激发孩子梦想，让他飞翔？
如何让孩子自动自发学习，迷上学习？

如何解决孩子拖延、懒惰的习惯？

父母给孩子最好的礼物是榜样

朋友给朋友最好的礼物是机会

自己给自己最好的礼物是成长

彭博汇文化艺术传播有限公司会务组宣

2017年3月29日

购买一本《好口才伴我成长》即可获赠一张"王牌父母"的课程试听券！请关注封底的彭博汇微信平台二维码，上传购书小票的照片，凭收到的短信或二维码参加"王牌父母"课程，具体日期可查阅彭博汇微信平台。